AF295461

Till min älskade mamma!

Du som ensam styrde vårt skepp genom livets
stormar, alltid med ett leende på läpparna, en
skopa envishet i blicken och en skattkista full av
skratt som vi aldrig hann tömma.
Du som fick oss att tro att allt var möjligt – trots
att du ibland balanserade på livets lina med tre
ungar dinglande från båda armarna (och kanske
en matkasse i tänderna).

Du visade oss att styrka inte bara finns i muskler,
utan i hjärtat och själen. Att glädje kan vara vår
viktigaste sköld, och att envishet kan vara vårt
svärd.

Mamma, du är och förblir min största förebild. Jag
hoppas att jag har fått åtminstone en bråkdel av
din styrka, ditt skratt och din okuvliga vilja.

Den här boken är för dig – med all min kärlek och
tacksamhet.

/S

LENA AHLSTEDT KAHLBOM

ÖVERLEVNADSHANDBOK FÖR TONÅRSFÖRÄLDRAR

DEL 1

Förlag: BoD · Books on Demand, Östermalmstorg 1, 114 42 Stockholm, Sverige, bod@bod.se
Tryck: Libri Plureos GmbH, Friedensallee 273, 22763 Hamburg, Tyskland

ISBN: 978-91-8080-921-4

Innehåll

Förord:

Välkomna, modiga själar, till *Överlevnadshandbok för tonårsföräldrar. Del 1.* Om du har plockat upp den här boken är chansen stor att du befinner dig i landet av ögonrullningar, smällande dörrar och tystlåtna sura miner. Du vet, den gyllene tidsåldern när dina en gång söta, gosiga små änglar har förvandlats till sarkastiska, hormonella mysterier som är övertygade om att du är den dummaste människan som någonsin vandrat på jorden.
Men få inte panik – du är inte ensam i den här kaotiska djungeln av tonårsliv. Jag är mamma till två härliga tonåringar (13 och 16 år) och har uthärdat de passivt-aggressiva suckarna, de där "du fattar bara inte"-blickarna, och jag har navigerat den känslomässiga berg- och dalbanan som är att försöka behålla förståndet medan dina tonåringar testar varje uns av tålamod du inte ens visste att du hade.
Den här boken är din överlevnadsguide. Den är fylld med anekdoter, dyrköpta råd och massor av skratt, för om vi inte skrattar kan vi lika gärna gråta. Oavsett om det handlar om de ändlösa förhandlingarna om skärmtid, kampen om badrummet, eller det ständiga kaos som är deras rum – det här kommer också att gå över. Jag måste dock erkänna att jag ibland har gråtit ögonen ur mig och ställt mig själv ett antal existentiella frågor kring kombinationen av

tonårsbarn och förklimakteriet. Vem, precis vem, tyckte att den kombinationen var en genomtänkt idé?

Så ta ett djupt andetag och låt oss dyka ner i skyttegravarna tillsammans. Du överlever med lite humor, mycket tålamod och, förstås, en rejäl dos självdistans.

Kom ihåg, ditt inre guld lyser som starkast när du kan skratta mitt i alltihop.

Jag hör era stridsvrål kära medföräldrar!

Med kärlek från skyttegravarna,

Notera: I denna bok använder jag mig av pronomenen hon och henne samt han och honom, men jag vill poängtera att jag fullt ut respekterar och stödjer alla individers och deras barns val av pronomen och genus. Oavsett vilka pronomen eller identiteter som känns rätt för dig och din familj vill jag att du ska känna dig inkluderad och bekräftad. Språk är ett verktyg för kommunikation och gemenskap, och det är viktigt för mig att alla känner sig välkomna och respekterade i den här boken.

KAPITEL 1: NEJ.

Själva ordet NEJ får föräldrar världen över att rysa, som en kalldusch tidigt på morgonen. Varje gång jag vågar säga det känns det som om jag just annonserat jordens undergång. "Nej, älskling, du får inte gå ut i -10C utan jacka. Och nej, du får inte vara ute till gryningen på en fest helt utan vuxna. Du är 13 år, inte vampyr!"
Förstår ni, att säga nej är en konstform som förtjänar sitt eget galleri – fyllt av melodramatiska reaktioner och, självklart, några väl valda himlande ögon. Minns ni hur det var att säga nej till en småtting?
Tänk dig: ett utbrott i full färg, komplett med dramatiskt sparkande, ilsket röda ansikten och tårar som forsar nerför deras runda små kinder. Uppgradera nu det till tonårsnivå. Att säga nej till en tonåring är som att få en utskällning av en liten advokat. "Du låter mig aldrig göra något! Mina kompisar får vara ute sent! Du förstör mitt liv!" Och där står du, med armarna i kors, ifrågasättande dina livsval och tänker: Om jag fick en tia för varje gång jag hörde den frasen, kunde jag boka en enkelbiljett till en öde ö.

Omfamna Din Inre Diktator
Men, mina kära medföräldrar, det är nödvändigt att stå på sig. Tänk på "nej" som din nya bästa vän – en trogen allierad i det tumult som är föräldraskap. Varje gång du säger nej, kan du tänka att en ängel får sina vingar… eller något liknande. Ditt barn kanske inte uppskattar din

visdom just nu, men någon dag, när de kämpar
med hjärtesorg eller livets utmaningar, kommer de
kanske tacka dig för att du räddade dem från total
katastrof. Kanske.
Konsten med att säga nej är att verkligen hålla
fast vid det. Här måste du hitta din inre Gandalf på
bron och basunera ut: "None shall pass!" när de
vill ha en piercing eller – himlen förbjude – en
moped.
Japp, det är ett verkligt exempel, och nej, jag gav
inte efter. Min äldsta vandrar fortfarande runt
,med busskort i fickan trots två veckors oändliga
suckar och martyrblickar. Det är lite som att
långsamt bli pickad till döds av en duva; de
kommer tillbaka gång på gång, och till slut börjar
du ifrågasätta ditt eget förstånd. Men om du inte
står på dig, vad kommer härnäst?
En motorcykel? En husspindel? En hemlig dröm om
att bli rockstjärna? Det är en snårig stig, mina
vänner.

Efter "Nej"
Efter ett intensivt nej-intermezzo smyger jag ofta
iväg till mitt rum för en liten självpeppande
pratstund i spegeln. "-Du klarade det!", säger jag
till mig själv.
"-Du stod fast. Ingen dog. Du är ingen dålig
mamma för att du sätter gränser". Denna lilla
ritual hjälper mig samla mig och påminner mig om
att varje gång jag säger nej, så stärker jag faktiskt
mitt barns förmåga att hantera världen där ute.

Sen finns det ju ofta lite skuldkänslor som följer. Jag kan känna mig lite tveksam kring om jag verkligen fattat rätt beslut. Men stå på dig – att hålla fast vid saker som att skippa en överdriven fest är inte bara att vara hård; det handlar om att lära din tonåring att livet har gränser, och att gränserna är där för deras egen trygghet.

Timing är Allt

En sak jag har lärt mig: ett strategiskt nej kan vara ren poesi. Det handlar om tajmning – som ett fint vin ihop med den perfekta osten. Börja med ett stort **ja** till något litet innan du drämmer till med ett nej på det stora önskemålet. "Ja, du kan ta en extra pizzabit. Åh, men nej, du kan inte skippa skolan imorgon för att du "inte känner för det". Detta är psykologisk krigsföring på högsta nivå, och det fungerar ofta förvånansvärt bra. Glöm inte heller vikten av rätt tonfall när du säger nej. Din röst bör vara lugn men bestämd, som om du överlämnar uråldrig visdom. "Nej, älskling, jag förstår att du vill gå ut, men mitt svar är fortfarande nej. Låt oss prata om det här." På så sätt stänger du inte bara av dem; du öppnar för en konversation – om än en rätt ensidig sådan. Och vi får inte ignorera blicken. Ni vet vilken jag menar. Det är "Testa och se vad som händer"-blicken. Särskilt effektiv om den kombineras med armar i kors och en långsam, bestämd huvudlutning. Mästra den, och du blir en kraft att räkna med.

Konsten att Kompromissa

Att säga nej innebär inte att du är en obeveklig tyrann. Det är en ädel förhandlingskonst som kan leda till kompromisser och låta dig behålla auktoriteten samtidigt som tonåringen känner att de har ett litet inflytande.Om ditt barn exempelvis vill stanna på en fest tills långt in på småtimmarna, kan du föreslå en kompromiss: "Vad sägs om att du kommer hem vid midnatt istället?" På så sätt sätter du fortfarande en gräns men ger dem en liten seger. Det är en fin balansgång, men det kan rädda er båda från total tonårsapokalyps. Ett annat tips är att visa att du förstår deras känslor. "Jag förstår att du vill gå på den här festen, och jag förstår att det känns viktigt för dig, men det finns anledningar till att jag inte är bekväm med det. Låt oss hitta en lösning tillsammans." Du skulle bli förvånad över hur mycket smidigare samtalet kan gå när du erkänner deras känslor, även om du står fast vid ditt beslut.

Kraften i Konsekvens

Konsekvens är nyckeln när det kommer till att säga nej. Du måste mena vad du säger och säga vad du menar. Om du ibland ger efter eller ändrar dina gränser baserat på deras humör eller dramatiska uppträdanden, skickar det blandade signaler som leder till fler förhandlingar och svagare gränser. Hur ser detta ut i praktiken? Om du sagt nej till sent spelande en vardagskväll, ändra dig inte plötsligt när de kör "men alla andra får ju"-tricket. Påminn dem lugnt om att dina regler finns av en anledning. "Jag förstår att dina vänner kanske får spela sent, men vi har andra regler här hemma. Låt oss fokusera på att ta oss igenom den här veckan, och så kan vi prata om det igen."

Efterdyningarna av "Nej"

När ett nej är fastställt, förbered dig på stormen som kan följa. Du kommer få de himlande ögonen, suckarna, och dramatiska uttalanden om hur du är "världens värsta förälder." Men hemligheten är att hålla dig stark. Efterdyningarna av ett nej är en emotionell berg-och-dalbana, men det är en del av processen. Så, nästa gång du står inför den oundvikliga begäran som får dig att sucka djupt, stå rak, andas lugnt och minns att ordet "nej" inte är din fiende – det är din sköld.

Tips: Om dina barn anklagar dig för att **hota** med åtgärder förklarar du lugnt följande:
Du jobbar inte med hot. Hot är något som aldrig kommer att hända. Den som hotar spelar på den hotades rädsla.
Däremot har du levererat en
konsekvensbeskrivning där ditt barn får möjligheten att göra smarta val för att nå önskad konsekvens av sagda val.

KAPITEL 2: SVARTA HÅL

Tonåringens rum – en gång fylld med söta små
prylar som nallar, ljusslingor och regnbågsfärgade
filtar. Ett rum där oskyldiga drömmar blandades
med glitterströdda framtidsvisioner och doften av
vaniljljus och bubbelgum. Det var en fristad, en
bubbla av trygghet. Men tiderna förändras, barn
blir större och oskyldigheten försvinner.
Spola framåt några år och vad har vi? Ett svart
hål. Ett kaotiskt vakuum där varje försök till
ordning är dömt att misslyckas. En plats där
mörker och oreda samexisterar i en röra som får
tornador att framstå som minutiöst planerade
evenemang. Går du in, kan du aldrig vara helt
säker på att du kommer ut igen. Det är en parallell
dimension av smutsiga kläder, tomma chipspåsar
och glömda rester av gammal pizza, som får dig
att fråga dig själv: Lever jag i en tonåringsrum
eller i en biologisk forskningsstation?

Om du ändå väljer att korsa tröskeln, förbered dig
på en sensorisk chock. Golvet, som en gång var
synligt, är nu begravt under ett lager av diverse
artefakter. Strumpor har antagit en ny livsform, så
stela av smuts att de teoretiskt skulle kunna resa
sig och marschera ut själva. T-shirts ligger i högar,
blandade med böcker, skrynkliga skolpapper och
de försvunna skedar du saknat i flera veckor. Och
så lukten! En odör så distinkt att den förtjänar en
egen vetenskaplig studie.
Den kan bäst beskrivas som "tonårspojke efter
fotbollsträning i tropikerna" – en rörande symfoni
av gammal svett, fotsvett och den oförklarliga

doften av tonåringens existens. Den bäddar in sig i väggarna, så att inte ens den mest aggressiva doftsprayen rår på den. Och givetvis, mitt i detta kaos, de där gamla träningskläderna som någonstans i processen slutat vara tyg och blivit ett med rummet. De ligger i en hög som avger en odör stark nog att få ögonen att tåras.

Plötsligt händer det!

Men här kommer en hemlighet: förr eller senare kommer de att städa. Nåväl, typ. Vanligtvis sker det när de bjudit hem en kompis och skammen äntligen kickar in. Det sker i en hastig panikoperation, en sista-minuten-räddning för att skapa illusionen av ordning. Du råkar gå förbi och ser det osannolika – golvyta! Ljuset hittar in genom persiennerna, en lätt dammig matta syns för första gången sedan senaste solförmörkelsen.

Ta ett foto, dokumentera miraklet!

För tro mig, det kommer inte att vara länge. Dagen därpå har svarta hålet återvänt till sitt normala tillstånd. Kaoset är tillbaka, som om någon snabbspolat en film om förfall. Och när du frågar vad som hände, får du en axelryckning till svar. När de städar, är det mer som att sopa allt under en mental matta. Smutsiga kläder trycks in i garderoben, gammalt godispapper förpassas till närmsta låda och ett våtservettssvep över skrivbordet gör det "fräscht".

Du står där, betraktar "städningen", höjer på ett ögonbryn och får ögonkontakt med tonåringen. De ler nöjt, som om de just utfört en prestation av episka proportioner. Du ler tillbaka, men genom sammanbitna tänder, och säger med din lugnaste röst:

"Gör om. Gör rätt."

Tips från ett proffs:
Låt oss vara ärliga, ibland behövs det en metod för att få dem att bidra till någon slags ordning. Så här är ett beprövat knep: om de slutar lämna sin smutstvätt i tvättkorgen, sluta tvätta. Låt den ligga. Första veckan ignorerar de det. Andra veckan börjar de muttra. Tredje veckan förstår de att de kommer att behöva bära den där skamligt fula tröjan som de svurit att aldrig mer sätta på sig. Och vips, som genom ett mirakel, dyker tvätten plötsligt upp i tvättkorgen igen. Självbevarelsedriften, mina vänner, är en underskattad kraft. Ingen 15-åring med självrespekt går till skolan i "fel" tröja.

KAPITEL 3: VIÖÖP!

Att få en tonåring att bädda sängen är ungefär som att försöka övertyga en katt att bada – du behöver list, tålamod och en plan. Med Försvarsmaktens gyllene metod – *Visa, Instruera, Öva, Öva, Pröva* – kan du kanske, bara kanske, nå fram till ett bäddat underverk. Eller åtminstone något som inte ser ut som om täcket varit i en brottningsmatch.

Visa – "Så här gör man, min vän"

Börja med att *Visa*. Tonåringar fungerar bäst när man eliminerar alla möjliga ursäkter. "Jag visste inte att lakanet skulle vara slätt" kommer inte att flyga när du, som en mästerkoreograf, lägger täcket på plats och viker lakanet med kirurgisk precision. Håll det enkelt. Du pratar faktiskt inte alls Du visar bara. Din tystad ger möjlighet till fokus. Om förvirringen är total är du något på spåret.

Instruera – Tydligt, men med kärlek

Nu kommer *Instruera*. Nu pratar du. Här gäller det att vara metodisk men lugn, som en yogalärare för hushållssysslor. "Lakanet ska ligga slätt. Ja, slätt. Nej, inte som en skrynklig servett efter en middag." Det är här deras kreativitet kickar in. "Kan jag inte bara kasta täcket så här och säga att det är klart?" frågar de med en glimt av hopp. Nej, älskling, det kan du inte. För här handlar det om att etablera en *vuxenvana*, och vuxna slänger inte bara täcken – de arrangerar dem (nåja).

Öva, Öva – Förbered dig på många försök

När du går in i *Öva*-fasen, tänk på det som att lära en valp att sitta. Du måste göra samma sak flera gånger, påminna om vad som är rätt, och belöna framsteg (förslagsvis med något de gillar, som beröm eller löftet om att du inte ska prata om bäddning på hela kvällen).Och ja, det kommer att se ut som ett kaos i början. Täcket kommer ligga på sniskan, lakanet knöligt, och kuddarna... ja, de kanske inte ens är med i matchen. Men här gäller det att se potentialen! "Oj, vad nära du var att få täcket rakt! Imponerande!" säger du, medan du biter dig i läppen för att inte rätta till allt själv.

Pröva – Dags för självständighet

När det är dags för *Pröva* släpper du dem fria. Det är nu de ska bädda helt själva, utan din hjälp. När du går in i rummet efteråt och ser deras verk, ta ett djupt andetag. Det kanske inte är perfekt – täcket kanske hänger över sängkanten som en förvirrad gardin, och kudden kan ligga på golvet – men de har *försökt*. Beröm är din bästa vän här. "Bra jobbat! Nästa gång kan vi kanske prova att få täcket att ligga lite rakare, men det här var riktigt bra för att vara ett första försök!" Det är en delikat balans mellan att inte kritisera och att ändå uppmuntra till förbättring.

Varför detta projekt är värt mödan

Nu undrar du kanske: varför gå igenom allt detta?
Jo, att lära dem bädda sängen är som att ge dem
en livets fjärrkontroll. Det är en enkel vana som
sätter tonen för dagen – och för framtiden. För om
de kan lära sig att bädda, kanske de också kan lära
sig att betala räkningar, sortera återvinningen och,
ve och fasa, plocka undan sin egen disk. Och en
dag, långt i framtiden, kommer du höra dem säga
till sina egna barn: "Om jag kunde bädda min säng
varje dag när jag var tonåring, då kan du också
göra det." Och det, kära du, är den ultimata
vinsten. Ovan nämnda övning KAN resultera i den
ökända dödsblicken. Vi har alla sett den – den där
tysta, passivt aggressiva blicken som skulle kunna
smälta glas. Det är den klassiska "Jag hatar dig
men jag tänker inte säga det högt"-blicken.
Välkommen till livet som tonårsförälder! Du säger
något fullt rimligt som, "Kan du sänka musiken lite,
det skakar huset," och möts av *dödsblicken*.
Ord? Nej, sådant behöver de inte. De har utvecklat
en övernaturlig förmåga i ögonkontaktens konst,
och de där tonårsögonen kan förmedla mer förakt
än en viktoriansk grevinna på tebjudning. Och du?
Där står du och undrar hur din söta lilla ängel
förvandlades till en butter, ögonrullande gåta.
Men ta det lugnt, dödsblicken är deras ultimata
vapen. Det är deras sätt att testa ditt tålamod och
se om du klarar trycket. Men vi föräldrar, vi är **stål**.
Orubbliga. Tja, oftast i alla fall. Några dagar blir
det faktiskt att jag himlar med ögonen tillbaka och

tänker, *Fint, du vill ha en stirrtävling? Varsågod.* Där står vi sedan, låsta i en viljans kamp, och förr eller senare ger någon av oss upp. Det brukar vara jag, för då har jag börjat skratta.

Att vinna stirrleken mot din tonåring kan kännas som en omöjlig uppgift – de är ju mästare på att himla med ögonen och stirra ut dig som om du just föreslagit något fullständigt vansinnigt (som att plocka upp strumpor från golvet). Men misströsta inte! Här är några tips för att bli segraren i denna kamp:

1. **Förbered ditt pokerface:** Innan du går in i striden, träna ditt ansiktsuttryck framför spegeln. Det ska vara en blandning av lugn beslutsamhet och en smula nonchalans. Inga ryckningar i mungipan!

2. **Andas lugnt:** Tonåringar kan lukta sig till nervositet. Håll andningen jämn och avslappnad – du är trots allt den vuxna här.

3. **Ögonkontakt är nyckeln:** Släpp inte blicken, men stirra inte för intensivt. Sikta på en lätt fokuserad blick, som om du tänker på något djupt filosofiskt (typ vad ni ska ha till middag).

4. **Använd subtila signaler:** Höj ett ögonbryn
   eller ge ett litet leende – det visar att du är
   självsäker och inte låter dig provoceras.

5. **Ge dig inte först:** Tonåringar vill vinna –
   det är deras grej. Men genom att hålla
   kvar blicken visar du att du inte backar. De
   brukar ge upp förr eller senare.

Kom ihåg att hemligheten till att vinna stirrleken
inte bara handlar om att ha starka ögonmuskler –
det handlar om att visa att du är trygg i din
auktoritet, utan att behöva höja rösten eller skapa
en konflikt.

KAPITEL 4:
ÖVERLEVNAD

Att lära sig laga mat är en livsnödvändig färdighet, inte en trevlig liten bonus som skolan kan slänga in på ett hörn under hemkunskapslektionerna. Nej, kära medföräldrar, detta är vår kamp, vår skyldighet och vår stund att lysa som vuxna. För hur ska våra älskade barn klara sig när de lämnar boet om de inte ens vet hur man kokar pasta utan att den blir ett klisterliknande monster? Eller hur man faktiskt torkar upp efter sig när de hällt ut ett helt paket mjöl på köksbänken?

"Det här är ditt kök också, unge!"
Vi är många som upplevt det – tonåringen som glider förbi köket som om det vore en förbjuden zon, en plats endast för de vuxna eller, ännu värre, en plats där man riskerar att få en uppgift tilldelad sig. Men det är dags att ändra på det. Köket är en gemensam zon, och det är dags att våra tonåringar kliver in och tar sin plats i det. Inte som gäster, utan som deltagare.

Låt oss först klargöra en sak: att lära sitt barn att laga mat är inte en akt av lyx, det är ren och skär överlevnad. Precis som vi lär dem att borsta tänderna, ta på sig kläder och – med varierande framgång – plocka upp sina smutsiga strumpor från golvet, måste vi också lära dem att laga mat och hantera ett kök. Annars riskerar vi att släppa ut dem i världen med en diet bestående av nudlar, rostat bröd och chips.

Mild utpressning – en förälders bästa vän

Hur får vi dem då till köket? Här krävs det list och strategi. Att bara säga "Nu ska du laga mat, lilla vän" fungerar ungefär lika bra som att försöka resonera med en katt. Men med lite mild utpressning kan vi faktiskt få dem intresserade. Här är några beprövade metoder:

1. **Mat i utbyte mot skärmtid** – Vill du sitta med mobilen hela kvällen? Fint. Då vill jag ha en hemlagad middag på bordet först.

2. **Gör det socialt** – Tonåringar ogillar sällan att hänga i köket om de får vara med och snacka (eller klaga) samtidigt. Spela musik, prata om något de gillar, få dem att känna sig inkluderade.

3. **Utse matlagningsdagar** – "Tisdagar är din dag, min kära avkomma. Antingen väljer du något du vill laga, eller så väljer jag och det blir grönsakssoppa från helvetet." Plötsligt är intresset betydligt större.

4. **Låt dem experimentera** – Visst, det kan sluta i katastrof, men det kan också bli en fantastisk upptäckt. (Och om det blir oätligt har du alltid en backup i frysen.)

De grundläggande färdigheterna – Vad måste de lära sig?

Det är lätt att tänka att matlagning handlar om att skapa mästerverk i köket, men låt oss hålla oss till grunderna först. Här är några rätter och färdigheter som vi bör se till att våra ungdomar behärskar innan de lämnar hemmet:

Maträtter:

- **Pasta med sås** – Och nej, att hälla upp ketchup på spaghetti räknas inte.

- **Stekt ägg på toast** – En riktig räddare i nöden och en inkörsport till större matlagning.

- **En enkel gryta** – Kycklinggryta, chili con carne, eller något annat de kan slänga ihop i en kastrull.

- **Pannkakor** – För att matlagning också ska vara roligt OCH karaktärsdanande.

- **Hemlagad pizza** – En säker väg till att göra matlagning populärt.

Färdigheter:

* Hur man kokar ris utan att det blir en gröt.

* Hur man hackar en lök utan att förlora ett finger.

* Hur man använder en stekpanna utan att bränna ner köket.

* Hur man hanterar disken utan att själen dör av ren uttråkning.

* Hur man organiserar kylskåpet så att maten inte ruttnar i en avlägsen hörna.

Motstånd och ursäkter – och hur vi hanterar dem
Tonåringar är inte direkt kända för sin entusiasm när det kommer till hushållssysslor. Här är några av de vanligaste ursäkterna och hur vi kan bemöta dem:

* **"Jag kan inte laga mat!"** – "Nej, men det är därför du ska lära dig, älskling. Jag kunde inte heller cykla en gång i tiden, men se hur bra det gick!"

29

- **"Jag har läxor!"** – "Och jag har jobbat hela dagen, men här är vi båda ändå. Multitasking är en fantastisk färdighet!"

- **"Jag är trött!"** – "Japp, det är jag med. Välkommen till livet."

- **"Det är tråkigt!"** – "Det blir roligare om du slutar klaga och bara gör det."

Belöningen – vad de får ut av det

Matlagning är inte bara en färdighet – det är en väg till självständighet och ett steg mot vuxenlivet. När våra tonåringar väl inser att de faktiskt kan laga god mat själva, utan att vara beroende av mamma, pappa eller mikrovågsugnen, kommer de att känna en stolthet som är svår att beskriva. Det handlar inte bara om att mätta magen utan också om att bygga självkänsla och ansvar. Och vi föräldrar?
Vi kanske, bara kanske, kan se fram emot en framtid där våra barn klarar sig på mer än nudlar och mackor. För att hjälpa dem på traven kan du be dem leta upp ett recept de tycker verkar intressant och överkomligt att laga. Om de inte väljer något själva? Då väljer du åt dem – och det kommer garanterat inte att bli makaroner eller färdigrätter. Kära medföräldrar, låt oss stå enade i denna köksrevolution.

KAPITEL 5:
GRÄNSER

Gränser, att sätta dem med kärlek och tydlighet.
Det är ett ord som lätt kan förknippas med strikta
regler eller avstånd, men egentligen handlar det
om något mycket viktigare: att skapa utrymme för
ömsesidig respekt och förståelse. För i
tonåringarnas virvelvind av behov och önskemål,
behöver vi föräldrar vara både tydliga och
omtänksamma när vi sätter våra gränser. För utan
det, kan vi snabbt förlora oss själva i föräldrarollen
och bli så fokuserade på att tillgodose deras behov
att vi glömmer att vi också är människor med
egna känslor och behov. Det här handlar inte om
att vara "hård" eller "otillgänglig", utan om att ge
dina barn den trygghet som kommer med att veta
var de står – att de inte kan få allt när de vill, men
att du finns där med kärlek och omtanke. Tydliga
gränser hjälper inte bara dig att må bra, de lär
också dina barn att respekt för varandras
utrymme är en viktig del av alla relationer.
Så här kan du sätta gränser med både kärlek och
tydlighet

Var ärlig om dina behov

Ibland handlar det om att kunna säga "Jag
behöver lite tid för mig själv". Och här är det
viktigt att inte göra det till något negativt. Du kan
förklara varför du behöver utrymme, till exempel:
"Jag älskar att vara med er, men ibland behöver
jag en stund att bara andas och samla mig." Att
vara öppen om varför du behöver tid för dig själv
gör att barnet förstår att det inte handlar om att

du vill vara ifrån dem, utan om att du också behöver vara en balanserad vuxen.

Skapa rutiner för tid tillsammans och tid för dig själv

Tydliga rutiner för gemensam tid och individuell tid ger både dig och dina barn struktur. Till exempel kan ni sätta upp en regel om att varje fredag är familjekväll, men också ha "egentid" för alla. Det här gör att alla vet när det är okej att vara för sig själva och när man ska vara närvarande tillsammans. Det handlar om att visa att det finns ett utrymme för både det sociala och det personliga.

Sätt gränser för skärmtid och telefonanvändning

Skärmtid är ett område där tydliga gränser ofta behövs. Istället för att vara enbart en auktoritär figur som säger "stäng av mobilen nu", kan du förklara varför det är viktigt att vara närvarande. "Jag vill att vi ska kunna prata utan att bli avbrutna, så vi stänger av mobilerna under middagen. Jag behöver den här tiden för oss att verkligen vara tillsammans." Genom att kommunicera detta med omtanke skapar du en gemensam förståelse snarare än ett tvärt nej.

Uppmuntra till ansvar genom att ge konkreta uppgifter

Att sätta gränser i hemmet handlar inte om att vara sträng eller dominant – det handlar om att vara tydlig och omtänksam samtidigt. Ett effektivt sätt att göra detta är att ge konkreta uppgifter

istället för vaga instruktioner. Istället för att säga
"Städa nu", prova att vara mer specifik: "Jag
behöver din hjälp att duka bordet och sedan städa
köket efter middagen. Jag har också saker jag
behöver göra, och vi hjälps åt för att det ska vara
rättvist." Genom att formulera dig på detta sätt
visar du inte bara vad som behöver göras, utan
även varför det är viktigt att hjälpas åt. När
tonåringen förstår syftet bakom uppgifterna
minskar risken för konflikter och motstånd. Att
vara tydlig och vänlig i dina förväntningar skapar
också en känsla av delaktighet och respekt, vilket i
sin tur stärker relationen mellan er. Gränssättning
handlar om att balansera tydlighet med kärlek och
omtanke. Det är inte en fråga om att tvinga fram
lydnad utan om att skapa en miljö där både dina
och deras behov blir tillgodosedda. På så sätt visar
du inte bara riktlinjer utan också förståelse och
trygghet. Genom att betona rättvisa och
samarbete visar du att du respekterar deras behov
av frihet samtidigt som du värnar om att
vardagslivet ska fungera för alla. När gränser sätts
på detta sätt blir de en naturlig del av vardagen
snarare än en ständig källa till konflikt. Samtidigt
skapar du en grund för att fostra en ung människa
som är både självständig och ansvarstagande. Och
viktigast av allt – du får själv utrymme att vara
den vuxna person du är, utan att förlora dig själv
på vägen

KAPITEL 6:
INGEN KOMMER ATT DÖ

Tonårstiden är en period av snabb hjärnutveckling och ökad känslighet för belöningar. Det är också en tid då många unga börjar experimentera med aktiviteter som kan leda till ett överdrivet beroende av dopaminfrisättning – från sociala medier och datorspel till alkohol och droger. Men vad händer egentligen i tonårshjärnan när dopaminflödet blir ohälsosamt? Och hur kan vi minska risken för att unga utvecklar beroenden som kan påverka deras liv långsiktigt?

Dopaminets roll i hjärnan

Dopamin är en signalsubstans som spelar en avgörande roll i hjärnans belöningssystem. När vi upplever något som är njutbart – exempelvis att äta god mat, få bekräftelse från andra eller lyckas med en uppgift – frisätts dopamin i hjärnan. Detta skapar en känsla av välbehag och uppmuntrar oss att upprepa beteendet.

Under tonåren är hjärnans belöningssystem särskilt känsligt. Forskning visar att dopaminnivåerna i tonårshjärnan är högre än hos både barn och vuxna, vilket gör att belönande upplevelser känns starkare (Steinberg, 2014). Samtidigt är prefrontala cortex – den del av hjärnan som ansvarar för impulskontroll och långsiktigt beslutsfattande – ännu inte fullt utvecklad. Detta skapar en obalans där tonåringar är mer benägna att söka snabba belöningar utan att fullt ut förstå de långsiktiga konsekvenserna.

När dopaminbalansen rubbas
I en hälsosam hjärna regleras dopaminfrisättningen naturligt, men när en tonåring utsätts för överdrivna mängder av snabba belöningar kan systemet börja förändras. Aktiviteter som ger omedelbar dopaminfrisättning, såsom:

- Sociala medier och oändlig scrollning

- Datorspel med frekventa belöningar

- Snabbmat och socker

- Nikotin, alkohol och andra droger

kan leda till att hjärnan anpassar sig genom att minska sin naturliga dopaminproduktion eller genom att minska antalet dopaminreceptorer (Volkow et al., 2017). Detta gör att tonåringen får svårare att känna glädje från vardagliga aktiviteter och i stället söker sig till allt starkare stimuli för att uppnå samma känsla av belöning. Ett av de mest oroande fenomenen är att detta kan leda till beroendeliknande beteenden. Forskning visar att hjärnan hos personer med spelberoende och drogberoende har liknande förändringar i dopaminsystemet

(*Koob & Volkow, 2016*). Det innebär att en tonåring som blir beroende av sociala medier eller spel kan uppvisa hjärnförändringar som påminner om de som ses vid substansberoende.

Konsekvenser av dopaminberoende
När hjärnan anpassar sig till höga dopaminnivåer kan det få flera negativa konsekvenser:

- **Minskad motivation för vardagliga aktiviteter:** Skola, relationer och fritidsintressen kan kännas tråkiga i jämförelse med dopaminhöjande aktiviteter.

- **Ökad impulsivitet och riskbeteende:** Eftersom prefrontala cortex ännu inte är fullt utvecklad kan dopaminöverflöd leda till svårigheter att kontrollera impulser (Casey et al., 2011).

- **Högre risk för depression och ångest:** När hjärnan vänjer sig vid konstanta dopaminhöjningar kan en nedreglering av dopaminsystemet leda till en minskad förmåga att känna naturlig glädje, vilket ökar risken för psykisk ohälsa (Blanco et al., 2015).

- **Långsiktiga förändringar i hjärnans belöningssystem:** Kronisk överstimulering av dopamin kan leda till långvariga förändringar i hjärnans struktur och funktion, vilket kan göra det svårare att bryta beroendemönster i vuxen ålder.

Hur man kan minska risken för dopaminberoende

Det finns flera strategier för att hjälpa tonåringar att undvika dopaminberoende och skapa en sund balans i livet.

1. Främja medvetenhet och kunskap

Att informera både tonåringar och deras föräldrar om hur dopamin fungerar och vilka risker som finns med överstimulering kan bidra till bättre val. Skolor och föräldrar kan spela en viktig roll i att föra samtal om hälsosamma skärmvanor och risker med beroendeframkallande beteenden.

2. Skapa digitala gränser

Att sätta tydliga regler kring skärmtid, särskilt på kvällen, kan hjälpa till att minska överstimulering. Forskning visar att exponering för skärmar sent på kvällen påverkar både dopamin och sömnhormonet melatonin, vilket kan störa sömnrytmen (Carter et al., 2016).

3. Uppmuntra alternativa belöningssystem

Fysiska aktiviteter, sociala interaktioner i verkliga livet och kreativa hobbyer kan hjälpa till att balansera dopaminnivåerna på ett mer naturligt sätt. Regelbunden motion har visat sig öka

dopaminproduktionen på ett hälsosamt sätt
(Ratey, 2008).
Eftersom tonåringar är mer benägna att söka
snabba belöningar kan det vara värdefullt att
hjälpa dem att utveckla strategier för att
uppskjuta tillfredsställelse. Att sätta upp
långsiktiga mål och belöna ansträngning snarare
än omedelbar framgång kan bidra till att motverka
dopaminberoende.

4. Främja tålamod och långsiktiga belöningar

Eftersom tonåringar är mer benägna att söka
snabba belöningar kan det vara värdefullt att
hjälpa dem att utveckla strategier för att
uppskjuta tillfredsställelse. Att sätta upp
långsiktiga mål och belöna ansträngning snarare
än omedelbar framgång kan bidra till att motverka
dopaminberoende.

Här kommer lite exempel på hur du kan gå till
väga:

Spara och belöna senare

Ge tonåringen en sparbössa eller ett digitalt
sparkonto där de kan sätta undan pengar för
något de verkligen vill ha, istället för att köpa
något direkt. Använd belöningssystem där de
tjänar poäng över tid för att uppnå en större
belöning, exempelvis att samla stjärnor för att få
en speciell upplevelse istället för småsaker direkt.

Projekt med långsiktiga mål

- Uppmuntra till aktiviteter som kräver
  uthållighet, som att lära sig spela ett
  instrument, måla en tavla eller odla växter.

- Sätt upp ett träningsmål där de får se
  framsteg över tid, exempelvis att springa en
  viss sträcka inom tre månader.

Fördröjd belöning i skolarbetet

- Uppmuntra studietekniker där de planerar och
  arbetar mot större mål, som att få bra betyg
  på ett prov genom att plugga regelbundet
  istället för att göra allt i sista stund.

- Använd tekniken "Pomodoro" där de arbetar
  fokuserat i 25 minuter och sedan får en kort
  paus, vilket tränar dem i att hantera fördröjd
  belöning.

Spelifiering av tålamod

- Skapa utmaningar där de behöver vänta för
  att se resultat, exempelvis genom att spela

brädspel där strategi är viktigare än snabba
beslut.

- Uppmuntra långsiktiga videospel där framsteg
  tar tid, istället för spel som ger omedelbar
  belöning.

Reflektion och visualisering

- Låt dem skriva dagbok om sina framsteg och
  hur de känner när de når långsiktiga mål.

- Använd vision boards där de kan se sina mål
  visuellt och påminnas om vad de arbetar mot.

5. Skapa en stödjande miljö

Familj och vänner spelar en viktig roll i att skapa
sunda vanor. Att uppmuntra till gemensamma
aktiviteter utan skärmar, som brädspel,
matlagning eller idrott, kan minska behovet av att
söka digitala belöningar.
Tonårshjärnan är extra känslig för dopamin, vilket
gör unga mer mottagliga för beteenden som kan
leda till beroende. När hjärnan vänjer sig vid höga
nivåer av dopamin kan det få allvarliga
konsekvenser för motivation, impulsivitet och
psykisk hälsa. Genom att förstå mekanismerna
bakom dopaminberoende och vidta förebyggande

åtgärder kan vi hjälpa tonåringar att utveckla en sundare relation till belöningar och bättre förutsättningar för ett balanserat liv.

Referenser

Blanco, C., et al. (2015). "Toward a comprehensive developmental model of gambling addiction." Annual Review of Clinical Psychology, 11, 585-609.

Carter, B., et al. (2016). "Association between portable screen-based media device access or use and sleep outcomes: a systematic review and meta-analysis." JAMA Pediatrics, 170(12), 1202-1208.

Casey, B. J., et al. (2011). "The adolescent brain." Developmental Review, 31(1), 62-81.

Koob, G. F., & Volkow, N. D. (2016). "Neurobiology of addiction: a neurocircuitry analysis." The Lancet Psychiatry, 3(8), 760-773.

Ratey, J. (2008). Spark: The Revolutionary New Science of Exercise and the Brain. Little, Brown.

Steinberg, L. (2014). Age of Opportunity: Lessons from the New Science of Adolescence. Houghton Mifflin Harcourt.

Volkow, N. D., et al. (2017). "The addicted human brain: insights from imaging studies." The Journal of Clinical Investigation, 127(6), 2049-2059.

Jag är MITT inne i matchen mamma!

Att förstå spelberoende, särskilt bland pojkar, är en komplex men viktig uppgift för föräldrar och vårdnadshavare. Forskning visar att pojkar oftare drabbas av spelproblem än flickor. Enligt Folkhälsomyndigheten har cirka sex procent av 16–17-åringarna i Sverige någon grad av spelproblem, med en högre andel bland pojkar. Detta framgår av deras rapport om unga och spelproblem (Folkhälsomyndigheten, 2022).

En av de biologiska mekanismerna bakom spelberoende är kopplingen till hjärnans belöningssystem, där signalsubstansen dopamin spelar en central roll. När vi engagerar oss i aktiviteter som ger oss njutning, såsom att äta god mat eller motionera, frisätts dopamin, vilket ger en känsla av välmående. Vid spelande, särskilt när det involverar vinst eller förväntan på vinst, sker en ökad frisättning av dopamin. Denna dopaminfrisättning kan vara så kraftig att den överstiger den som upplevs vid naturliga belöningar, vilket kan leda till att hjärnans belöningssystem "kidnappas" och individen utvecklar ett beroende (Hjärnfonden, 2023). Det är också intressant att notera att även vid så kallade "nära vinster", där spelaren nästan vinner men inte riktigt når ända fram, kan hjärnan frisätta dopamin.

Detta kan ge en falsk känsla av belöning och ytterligare driva på spelandet, trots faktiska förluster. Denna mekanism har dokumenterats inom beroendeforskning och pekar på varför spelandet kan bli så svårt att kontrollera *(Core Rehab, 2023).*

För att hantera speltid hemma och förebygga spelberoende kan följande strategier vara till hjälp:

Skapa ett spelschema

Tillsammans med ditt barn, sätt upp tydliga och rimliga tidsramar för spelande. Detta hjälper till att balansera speltiden med andra viktiga aktiviteter som skolarbete, fysisk aktivitet och familjetid.

Uppmuntra alternativa aktiviteter

Introducera och uppmuntra ditt barn att delta i andra fritidsintressen, såsom sport, musik eller konst. Detta kan minska beroendet av spel för underhållning och belöning.

Öppen kommunikation

Ha regelbundna samtal med ditt barn om deras spelvanor och de spel de spelar. Visa intresse och förståelse, vilket kan göra det lättare för dem att dela sina upplevelser och eventuella bekymmer.

Föregå med gott exempel
Visa sunda digitala vanor genom att själv ha en balanserad användning av skärmtid och spel. Barn tenderar att imitera vuxnas beteenden, så ditt eget förhållningssätt till spel och teknik kan påverka deras attityder.

Sök professionell hjälp vid behov
Om du märker tecken på spelberoende eller om spelandet påverkar ditt barns liv negativt, tveka inte att söka hjälp från professionella, såsom BUP, beroendeterapeuter eller psykologer specialiserade på spelproblem.

Att navigera utmaningarna med spelande och potentiellt spelberoende kräver tålamod, förståelse och en öppen dialog inom familjen. Genom att implementera dessa strategier kan du hjälpa ditt barn att utveckla sunda vanor och ett balanserat förhållningssätt till spel och digital underhållning.

Källor:
Folkhälsomyndigheten (2022). Spelproblem bland unga. Hämtad från: Folkhälsomyndigheten
Hjärnfonden (2023). Om hjärnan och beroende. Hämtad från: Hjärnfonden
Core Rehab (2023). Behandling av spelberoende. Hämtad från: Core Rehab

Erbjud alternativa aktiviteter – och påminn om att
det är okej att vara uttråkad. T
råkighet skapar fantasi och hjälper hjärnan att
återhämta sig.

Undertecknad kan intyga att **ingen kommer att dö**
pga att skärmtiden minskas (drastiskt), även om
din tonåring livligt kommer att protestera över
denna grymma åtgärd.

Var konsekvent och håll fast vid reglerna för att ge
trygghet och hjälpa till att skapa balans.

Ha tålamod och ge utrymme för motstånd så att
barnet får tid att anpassa sig och hitta egna sätt
att vara kreativ.

Jag bjuder härmed på 39 stycken **skärmfria
aktiviteter** för tonåringar (12–16 år):

1. **Geocaching** – Som en modern skattjakt med
   en GPS eller karta.

2. **Fotboll/Basket/Volleyboll** – Perfekt om de
   har ett gäng att spela med.

3. **Cykeltur till en ny plats** – Upptäck
   närområdet på två hjul.

4. **Hinderbana i skogen** – Skapa en egen
   utmaning med stockar, rep och
   balansgång.

5. **Fiska** – Lugn och avkopplande aktivitet, perfekt vid en sjö.

6. **Grillkväll med kompisar** – Bygg en eld och grilla marshmallows eller korv.

7. **Loppisjakt** – Gå på loppisar och leta unika fynd.

8. **Parkour eller trickträning** – Hoppa och klättra på ett säkert sätt i parker.

9. **Måla eller skissa** – Utmana dem att rita en favoritkaraktär eller ett landskap.

10. **Bygga något** – En fågelholk, skateboardramp eller egen möbel.

11. **Laga en ny maträtt** – Låt dem prova på att laga sin favoriträtt från grunden.

12. **Skriva en berättelse eller låttext** – Perfekt för kreativa själar.

13. **Gör en fotobok eller scrapbook** – Samla minnen från resor eller händelser.

14. **Sy eller sticka** – Lär barnen laga sina kläder eller prova på att sticka.

15. **Experimentera med trolleritrick** – Perfekt för att imponera på kompisarna.

16. **Dansbattle eller Just Dance utan skärm** – Skrattgaranti!

17. **Yoga eller meditation** – Bra för att slappna av och fokusera.

18. **Lär sig en ny kampsport** – Fysisk aktivitet som också bygger självförtroende.

19. **Hoppa studsmatta eller Tant/Gubb-parkour** – Roligt och energikrävande!

20. **Träna inför ett lopp** – Spring eller cykla en viss sträcka varje vecka.

21. **Brädspel eller kortspel** – Monopol, UNO eller Schack.

22. **Rollspel (D&D eller improvisationsteater)** – Låt fantasin flöda.

23. **Escape Room hemma** – Skapa kluriga gåtor och låt vänner lösa dem.

24. **Organisera en temafest** – 80-tal, maskerad eller Harry Potter-kväll.

25. **Gör en podcast eller radioprogram** – Prata om ett ämne de gillar.

26. **Skratta med sällskapsspel** – Exempel: "Med Andra Ord" eller "Mafia".

27. **Lär sig spela ett instrument** – Gitarr, piano eller ukulele.

28. **Bygg en koja i skogen eller på gården** – Eller ett fort i vardagsrummet.

29. **Läs en bokserie och diskutera** – Skapa en minibokklubb.

30. **Gör en vetenskaplig experimentserie** – Exempelvis hemgjorda raketer.

31. **Planera en framtida resa** – Gör en budget och välj drömresmål.

32. **Jobba extra eller volontärarbeta** – Få
erfarenhet och tjäna egna pengar.

33. **24-timmars överlevnadsutmaning i naturen** –
Lev utan teknologi en dag.

34. **Matlagningsbattle** – Vem kan laga den bästa
rätten med få ingredienser?

35. **Loppisflip** – Köp något billigt och gör om
det till något snyggt och sälj vidare.

36. **Prova en ny hobby varje vecka** – Exempel:
jonglera, göra origami eller sticka.

37. **Frisbeegolf** – Kombinera precision och
motion i naturen.

38. **Skattjakt i hemmet** – Skapa ledtrådar och
göm en liten "skatt".

39. **Odla egna kryddor eller blommor** – Lär ut
tålamod och skötsel.

Att hitta en balans mellan skärmtid och andra
aktiviteter är en viktig del av att hjälpa barn

utveckla en sund relation till teknik. Genom att skapa rutiner där skärmanvändning varvas med mer fysiska eller kreativa aktiviteter, får barn möjlighet att upptäcka glädjen i att vara aktiva och närvarande utan en skärm framför sig. Det är också viktigt att låta barnen uppleva uttråkning då och då. Trots att det kan kännas jobbigt både för dem och för oss som föräldrar, är det faktiskt en värdefull upplevelse. När barn får tid att vara uttråkade stimuleras deras kreativitet och problemlösningsförmåga. De tvingas hitta egna sätt att underhålla sig, vilket i längden hjälper dem att bli självständiga och påhittiga. En bra strategi är att planera in både strukturerad tid och mer spontana stunder. Kanske en bestämd tid varje dag för skärmfri lek eller aktiviteter som stimulerar både kropp och sinne. Det kan vara allt från att måla, pyssla eller bygga till att gå ut och utforska naturen. Genom att vara konsekvent men ändå flexibel med reglerna skapas en trygghet i vardagen. På så sätt lär sig barnen att uppskatta variation och upptäcker att världen utanför skärmen också erbjuder spännande upplevelser och möjligheter till kreativitet och utveckling.

KAPITEL 7: FULBÖLET

Ah, den där intensiva karusellen som är känslolivet
när man är både förälder och partner. Vem hade
trott att tonårsföräldraskap skulle vara en
överlevnadskurs för relationen? Det känns ibland
som att man är med i en snurrande berg-och-
dalbana, där både känslor och logik byter plats så
fort man inte ser efter. Ena stunden känner man
sig som det mest harmoniska teamet, för att i
nästa sekund stå mitt i ett kaos av missförstånd
och frustrationer. Att förstå sin partners känslor
genom denna turbulenta resa är avgörande, men
om vi ska vara ärliga så känns det ibland som att
försöka läsa en uråldrig hieroglyfskrift – full av
otydliga handrörelser, halvt avslutna meningar
och suckar så dramatiska att de skulle kunna sätta
en hel vindkraftpark i rörelse. Kommunikation
verkar ofta vara en ständig utmaning där inget
riktigt är självklart, och varje ord känns som ett
mysterium i sig. Men mitt i allt detta kaos finns de
små, oväntade glädjeämnena som gör livet mer
uthärdligt. Det är de där gyllene ögonblicken när
din partner ser på dig som om du är den enda
lösningen på alla världens problem. Vanligtvis
inträffar detta när du genomför ett litet
vardagsmirakel, som att hitta det sista rena paret
strumpor längst ner i tvättberget eller när du på
något magiskt sätt återupplivar den försvunna
fjärrkontrollen. I de ögonblicken känner du dig som
en riktig superhjälte. Du har räddat dagen! Och för
en kort stund känns världen plötsligt i balans, trots
allt kaos som pågår omkring er.

Den mörka sidan – hur man överlever diskmaskinsdebatterna

Och så kommer det dåliga. Den där lilla, obetydliga striden som snabbt växer till något mycket större – som när ni återigen hamnar i den eviga diskmaskinsdebatten. Den där diskussionen om hur man egentligen ska packa den fördömda diskmaskinen. En av er bygger upp en perfekt, Tetris-liknande struktur medan den andra slänger in allt på ett sätt som får det att likna en realityshow vid namn "Diskmaskinskatastrof". Och plötsligt blir det en prestigefråga. "Varför bråkar vi ens om det här?" tänker ni, men trots att det egentligen inte är raketforskning blir det ändå ett krig. Ditt stackars porslin? Bara slumpmässiga civila i denna kökszon, som på något sätt har dragits in i konflikten.Och sen... kommer bölet. Det där ögonblicket när ni båda ligger utslagna på soffan, helt utmattade efter en dag fylld av kaos och emotionell urladdning. Ni är inte längre två starka, självsäkra vuxna, utan två trasiga, överkokta spaghettiströn som knappt kan hålla ögonen öppna. Tårarna kommer, och ni tittar på varandra med ett galet skratt och säger: "Kommer du ihåg när vi trodde att det här skulle vara en barnlek?" Och mitt i det hysteriska fnittret rinner tårarna som en flodvåg. Ibland känns det som om hela världen håller på att rämna, men mitt i allt håller ni om varandra som om ni var strandsatta på ett sjunkande skepp.

Men här är grejen – ni är fortfarande ett team

Men här är grejen – ni är fortfarande ett team.
Och här kommer den viktiga insikten: trots allt –
det bra, det dåliga och bölet – är ni fortfarande
tillsammans. Det kan vara lätt att glömma när livet
stormar fram i 180, med skolskjutsar, träningar,
matlagning och tonåringarnas grymtningar som
bakgrundsljud. Men mitt i denna virvelvind är det
avgörande att stanna upp och kolla läget med
varandra. För ibland glömmer vi att personen mitt
emot oss också kämpar för att hålla ihop allt. Ett
enkelt "Hur mår du?" kan vara precis det som
behövs för att ni ska hitta tillbaka till varandra och
stå på stabil mark igen. Det är lätt att anta att din
partner mår bra bara för att de inte har kollapsat
än. Men kom ihåg, precis som du, jonglerar de
också tusen bollar. De håller ordning på hemmet,
ser till att barnen inte ser ut som uteliggare, och
försöker kanske till och med hitta en minut av
lugn. Men under ytan kanske de också håller på att
falla isär, fast de håller ihop med koffein och ren
envishet. Så här är det: kommunikation är
nyckeln. Och inte den typen av "kommunikation"
där ni skriker över barnens bråk, TV:n som är på
för hög volym eller middagen som kokar över. Nej,
riktig kommunikation handlar om att faktiskt fråga
"Hur har din dag varit?" och sedan verkligen lyssna
på svaret. Den lilla handlingen av att fråga och
verkligen höra kan vara den livlina som behövs för
att hålla ihop föräldraskapets stormiga hav.

Ge er själva tid – små stunder kan göra stor skillnad

Och mitt i kaoset: glöm inte att skapa tid för varandra. Du kanske tänker: "När ska vi hinna det?" Mellan tonåringar, oändliga att-göra-listor och försöken att få lite sömn? Men även om det bara är en halvtimme framför TV:n när barnen äntligen har gått och lagt sig, så är det en stund att påminna er om att ni fortfarande är ett team. De små stunderna av återkoppling, där ni kan skratta åt något tillsammans eller bara vara i samma rum utan att någon behöver något, påminner er om att ni inte bara är föräldrar – ni är ett par som valde att gå denna vilda åktur tillsammans.Livet är stökigt, kaotiskt och känslosamt, men ändå, tillsammans. Och när tonåringarna till slut lämnar hemmet (ja, de kommer att lämna… eller hur?), kommer ni att titta tillbaka och inse att trots alla tårar, gräl och gråtkaskader, klarade ni detta – och kanske till och med växte starkare tillsammans. Det är i de stunderna av samhörighet, mitt i stormen, som er relation blir tydlig och verklig. Och det, kära vänner, är det som verkligen betyder något. Tiden för varandra, när den väl ges, är det som håller er starka.

Tips: Jag var under tre år vigselförrättare och vävde alltid in min mormors råd i vigseltalet:

Kom ihåg att hålla handen mitt i natten.

Även om man somnat arga eller utmattade så visar den enkla handlingen att det är **ni** oavsett hur det stormar omkring er.

KAPITEL 8:
KOSING, DEG, CASH, FLIS, STÅLARS, LÖV

Ah, pengar – det där mystiska fenomenet som får världen att snurra men som försvinner snabbare än en semesterhelg när en tonåring är i närheten. Låt oss börja med tonåringarnas syn på din ekonomi. För dem verkar det som om pengar bara "finns där" – som om du har en hemlig, outtömlig källa till kontanter gömd någonstans. "Mamma, kan jag få 300 kronor till lunch? Och kanske en femhundring till de där nya skorna jag vill ha?" Allt detta levereras med en sådan självklarhet att man börjar undra om de tror att du är VD för en privatbank.

Och när du föreslår att de kanske inte behöver allt detta just nu, möts du ofta av den klassiska ögonrullningen. "Mamma, alla andra har ju redan de där skorna! Ska jag vara den enda som inte hänger med?" (Vilket i praktiken betyder att skorna de köpte för bara två månader sedan redan är "för gamla" för att duga längre.)

Men här är problemet: i dagens digitala värld, där pengar oftast är siffror på en skärm snarare än mynt och sedlar i handen, är det svårt för både barn och vuxna att verkligen förstå pengars värde. När de ser dig betala med ett enkelt knapptryck eller en svepning med kortet, är det lätt att tro att pengar inte är något man faktiskt tjänar in, utan något som bara "finns". Och när den här verkligheten möter tonåringens förväntningar, blir det inte alltid en harmonisk kombination.

Hur lär man då barnen pengars värde?

Att lära sina barn pengars värde kan vara en av de viktigaste uppgifterna som förälder. Det handlar inte bara om att ge dem pengar, utan om att ge dem en förståelse för hur pengar fungerar i den verkliga världen. Här är några sätt att hjälpa dem förstå detta på ett konkret och engagerande sätt.

1. **Visa pengar på riktigt**

   Ett enkelt sätt att göra konceptet pengar mer konkret är att faktiskt visa dem pengar på riktigt. Ta ut kontanter och lägg fram sedlar och mynt. Låt dem känna på pengarna och visa hur snabbt en hundralapp kan försvinna när man köper något litet. Den fysiska upplevelsen gör att de får en tydligare förståelse för värdet av pengarna.

2. **Ge en fast veckopeng – i kontanter**

   Om du inte redan gör det, överväg att ge dem en veckopeng i kontanter istället för att överföra pengar till deras konto. På så sätt får de själva förvalta sina pengar och förstå hur snabbt de kan försvinna när de spenderas. Alternativt kan ni använda burkar eller kuvert märkta med "Spara", "Spendera" och "Dela", där de delar upp sina pengar varje vecka. Detta hjälper dem att konkretisera och förstå sina val.

3. **Använd en app för budgetering**

   Idag finns det många barnvänliga appar där de
   kan se sina inkomster och utgifter i realtid.
   Hjälp dem att sätta upp mål, som att spara till
   något större, och visa hur deras val påverkar
   målet. Om de redan är vana vid digitala
   pengar, kan en app vara ett effektivt verktyg
   för att skapa förståelse för ekonomiska beslut
   och långsiktigt sparande.

4. **Lek "affär"**

   För yngre barn, eller till och med för
   tonåringar som fortfarande tycker att lek kan
   vara roligt, kan en lektion i "affär" vara lärorik.
   Skapa en liten butik där de får köpa och sälja
   saker inom en viss budget. De får använda
   sina "pengar" och hantera en kassa, vilket ger
   en praktisk upplevelse av hur det är att köpa
   och sälja.

5. **Lär dem kostnaden för arbete**

   För att verkligen förstå värdet av pengar är
   det viktigt att förklara att pengar inte bara
   "kommer". Om de önskar något som kostar
   1000 kronor, förklara hur många timmar du
   måste arbeta för att tjäna den summan efter
   skatt. Detta ger dem perspektiv på
   arbetsinsatsen bakom de saker de vill ha.

6. **Låt dem själva tjäna pengar**
    Ge dem möjlighet att tjäna egna pengar
    genom att hjälpa till hemma. Sysslor som att
    klippa gräset, städa förrådet eller tvätta bilen
    kan bli en liten "inkomstkälla". På så sätt lär de
    sig både värdet av arbete och att pengar inte
    kommer gratis. Det ger dem en känsla av
    stolthet när de själva får jobba för det de vill
    ha.

7. **Involvera dem i familjens ekonomi**
    För äldre barn kan det vara bra att involvera
    dem mer i familjens ekonomi. Låt dem hjälpa
    till att planera matinköp för veckan och ge
    dem en budget att hålla sig inom. De får se
    hur långt pengarna räcker – eller inte räcker –
    och en förståelse för kostnaden för
    vardagsvaror som mjölk, bröd och grönsaker.
    Detta ger dem en praktisk förståelse för
    hushållsekonomi.

8. **Gör sparandet till en tävling**
    Om de vill ha något dyrt, kan ni sätta upp en
    sparplan tillsammans och göra det till en
    utmaning. Till exempel kan ni sätta ett mål om
    att spara ihop hälften av beloppet genom att
    använda veckopengen eller ta småjobb
    hemma. När de uppnår sitt mål kan du matcha
    deras sparande som belöning. Detta kan ge

dem både motivation och en känsla av att
vara delaktiga i sina ekonomiska beslut.

9. **Slösat?**
    Ja då finns inga pengar kvar.
    Lär barnen att deras agerande har
    konsekvenser.
    Det går inte bara att be om mer pengar från
    sina föräldrar. Och återigen nej, ingen kommer
    att dö om de små liven inte får senaste
    modellen av jeans NYSS.

Genom att använda dessa metoder får barnen en
mer realistisk förståelse för pengars värde och lär
sig att hantera sin ekonomi på ett ansvarsfullt
sätt. Det handlar inte bara om att ge dem pengar
utan att ge dem verktygen att fatta kloka beslut
kring dem.

Belöningen av att förstå pengar

När barn får en insikt i pengars värde, märks det
snabbt i hur de hanterar sina pengar. De börjar
reflektera mer över sina utgifter och blir ofta mer
ansvarsfulla. Ett av mina stoltaste föräldrastunder
var när min son, istället för att slösa sin
veckopeng på snabbmat eller smågrejer, valde att
spara ihop till en gamingdator. Han lade undan
varje liten summa, noggrant och tålmodigt, och
för varje gång han såg sitt sparande växa, fick han

en större förståelse för det han verkligen ville ha.
När han slutligen hade sparat ihop till hela
summan och köpte datorn, var det något helt
speciellt i hans ögon. Han hade inte bara fått
något materiellt – han hade lärt sig värdet av
pengar, tålamod och beslutsamhet.
Och när han satte sig framför datorn för första
gången, behandlade han den som en dyrbar skatt.
Varje gång han använde den, var det inte bara en
gamingdator – det var en symbol för det hårda
arbete och de medvetna val han hade gjort. Det är
just den känslan, av att verkligen ha kämpat för
det man vill ha, som ger en känsla av stolthet och
ansvar. Och den insikten är en belöning i sig själv.

KAPITEL 9:
TO TVÄTT OR NOT TO TVÄTT?

Sisyfon hade det enkelt

Tvätt. Ah, den eviga kampen som gör att man känner sig som en modern version av Sisyfos. Fast i stället för att rulla en sten uppför en kulle, står du där med högar av kläder som verkar föröka sig snabbare än kaniner. Och det verkar som om du har full kontroll på situationen, att du har besegrat det där monströsa tvättberget – tills du plötsligt inser att nästa berg är på väg. Det är som om tvätten har en egen hemlig tidsplan för att sprida sig och översvämma hemmet när du inte ser det. Det är den där konstanta cykeln av smutsiga kläder, torkade kläder och ännu mer smutsiga kläder. Och strumporna? Låt oss prata om dem. De har sitt eget hemliga liv, och jag är säker på att de har organiserat sig och startat en revolution i tvättmaskinens mörkaste hörn. Sanningen är att strumporna har en plan. De lever ett eget liv, det är den enda förklaringen. Och om du undrar var den där borttappade strumpan är, så tror jag att det finns en hel strumpsamling som planerar sitt nästa stora steg. Men det är inte bara strumporna som ger oss huvudbry. Lukten (läs: stanken)! Jag undrar ibland om mina tonåringar har utvecklat ett inbyggt luktsystem som slår på vid puberteten och sprider sig som ett osynligt kraftfält av svett, gymtröjor och andra mysterier som jag helst inte vill analysera. Deras kläder – särskilt gymtröjorna – borde klassas som biologiska stridsmedel. Jag är helt övertygad om att de skulle kunna orsaka diplomatiska konflikter om de skickades till fel plats. Och visst, de förvarar sina snacks i köket, men ändå luktar det ibland som om chips och gymstrumpor haft en galen fest tillsammans, långt bortom vårt medvetande.

Så där står jag då i tvättstugan med en tröja som ser ut att ha överlevt en naturkatastrof. Färgen är bäst beskriven som "bortglömd matlåda" och lukten? Ja, den påminner mest om ett gym på en regnig dag i januari. Med all den föräldravärdighet jag kan uppbringa, frågar jag med ett trött men ändå kärleksfullt tonfall: "Varför luktar den här tröjan som om du har använt den som en mopp i skolans omklädningsrum?" Och svaret? Ett axelryck: "Vet inte, bara tvätta den." Ja, såklart. För vad annars?

Det är här vi måste sätta ner foten, kära medföräldrar. För tvätt är inte bara en oändlig syssla – det är en fantastisk möjlighet att lära ut livets verkliga kunskaper. Det börjar med att introducera våra tonåringar till den förtrollade världen av hygien. Vi måste visa dem vad deodorant är och påminna dem om det revolutionerande tricket att faktiskt lägga sina smutsiga kläder i tvättkorgen. Låt oss förklara att kläder inte magiskt blir rena bara för att vi tittar på dem och önskar att de ska bli det. Och när de ser på dig med stora ögon och säger: "Men mamma, jag tycker inte att det luktar så illa", försök att inte brista ut i skratt (eller kanske i tårar).

Tips för att vinna tvättkriget:

Introducera självservice: Visa hur tvättmaskinen fungerar. Ge dem en snabbkurs i "sortera vitt från färg" och "lägg inte ull i torktumlaren, annars ser tröjan ut som något för en hamster".

Sätt upp regler: Ingen lämnar smutsiga kläder på golvet. Punkt. Kläder som inte hamnar i tvättkorgen är inte ditt problem.

Hygien som motivation: Köp dem en riktigt bra deodorant och uppmuntra användning. Kanske till och med gör det till en rolig aktivitet att välja ut sin egen doft.

Höj ribban för stanken: Om de klagar på att deras favorittröja inte blivit tvättad, låt den ligga ett par dagar extra som ett lärande experiment. Ibland talar lukten för sig själv.

Lär dem konsekvenserna: Om de inte tvättar själva, får de leva med stinkande kläder. Du lär dig förvånansvärt snabbt när skammen över en illaluktande outfit slår till i skolan.

KAPITEL 10:
GRATTIS! DU ÄR NU TAXIFÖRARE.

Minns du när helgerna var till för att verkligen vila? Att vakna utan alarm, sträcka på sig, hälla upp en kopp kaffe och bara sjunka ner i soffan med en bok eller stirra ut genom fönstret i stillhet? Ja, de tiderna var härliga. Men de tog slut för länge sedan – tack vare små människor med stora krav.

Nu, om du har tonåringar, handlar helgerna om en enda sak: deras aktiviteter. Grattis, du har fått en ny titel – oavlönad taxichaufför med ett fullspäckat schema som skulle få en flygledare att börja svettas.

Men det här handlar inte bara om tidsscheman och ständiga skjutsningar. Låt oss prata om något som verkligen betyder något: samtalen i bilen. För medan du står i köer och rondeller, finns det en oväntad möjlighet att faktiskt prata med din tonåring – eller åtminstone få dem att lyssna. De kan muttra, sucka och stirra ut genom fönstret, men de HÖR dig. Speciellt om du på något sätt lyckas få tag på deras hörlurar.

"Prata?" Du kanske tänker att det är en omöjlig uppgift att få en tonåring att säga något alls. Du kanske tror att de har gett tystnadslöfte eller utvecklat en metod för att vara i samma rum som dig utan att behöva prata. Men bilen är en annan värld. Här kan de inte fly. De är fysiskt fast – och du har plötsligt en chans att få ett samtal till stånd. Även om du kanske behöver använda lite lätt mentalt våld.

Världens minsta workshop: "Att prata med fientligt inställd tonåring i trånga utrymmen"

Så du har hamnat i bilen med din tonåring, fastspänd i passagerarsätet, där ni båda har ingenting annat att göra än att tillbringa de nästa femton minuterna med att stirra på vägskyltarna eller, i bästa fall, på varandra. Men hur får man igång ett samtal när deras enda svar är "Okej," eller ett kyligt "Jaha"? Här kommer några tekniker som kan hjälpa dig att navigera den här ständiga utmaningen – att prata med en tonåring som helst vill vara någon annanstans.

Teknik 1: Små, oskyldiga frågor

Börja enkelt, utan att försöka göra ett djupdyk i deras psyke. Fråga inte om deras framtida karriärval eller om de drömmer om att bo på en öde ö i Karibien. Börja med det lite lättare: "Hur var träningen?" eller "Hur gick det på provet?" (Därmed slipper du den isande tystnaden som ofta följer på frågor som "Vad drömmer du om i livet?"). Frågorna ska vara tillräckligt ytliga för att de inte ska känna att de behöver gå in på detaljer, men tillräckligt intressanta för att ge ett svar. Enklare svar som "Bra" eller "Helt okej" räcker gott och väl. Tanken är att samtalet ska kännas avslappnat, som ett konstaterande snarare än en utfrågning. Det viktigaste här är att hålla tonen lättsam och utan förväntningar.

Teknik 2: Monologmetoden

Om du möts av den klassiska, tystlåtna tonåringen som helst vill befinna sig var som helst, men inte i en konversation med dig – prata ändå. Berätta något oväntat, som en rolig händelse eller något märkligt du läste om på nätet. Du kanske inte får något direkt svar, men de lyssnar. Det är svårt att inte lyssna när du pratar om något som inte har med dem att göra. Och ibland händer det, mot alla odds, att de slänger in en kommentar eller en fråga. Jag minns en gång när jag började prata om varför folk tävlar i att kasta ost i England, och min tonåring kunde inte hålla sig från att fråga: "Va? Finns det på riktigt?" Plötsligt var vi mitt i ett samtal. Och så var det gjort!

Teknik 3: Musikfällan

Musik är en fantastisk brygga mellan två människor – och kan ibland fungera som en livboj i samtalskaoset. Om du vet att din tonåring gillar en viss låt, sätt på den när ni sitter i bilen. Vänta tills den börjar spelas och säg något neutralt som: "Den här är ju ganska bra." Två saker kan hända här: antingen tittar de på dig som om du just avslöjat att du är hemlig agent i ett superhjältelag, och säger något som "Hur vet du vad jag lyssnar på?", eller så kan de, motvilligt, börja prata om musik. Om du har riktigt tur, kan du till och med få en rekommendation eller två. Och det, mina vänner, är ett samtalseventyr värt att omfamna.

Teknik 4: Tystnadens makt

Här har vi en lite riskabel teknik, men som ibland
ger bra resultat. Om du håller tyst tillräckligt länge
kan din tonåring, av ren nyfikenhet, börja prata.
Det kan kännas som en form av psykisk
manipulation (och ja, det är det kanske), men om
du inte trycker på och ger dem utrymme, kan de
till slut känna behovet av att fylla den tysta luften
med ord. När de tittar på dig och säger: "Varför är
du så tyst?" så har du kanske vunnit en liten seger.
Det är en enkel ingång till ett samtal – och kan
leda till mer än du tror.

Teknik 5: Sänk garden

En viktig insikt är att tonåringar är experter på att
känna av när de blir manipulerade. Så om du
försöker för hårt för att få igång ett samtal,
kommer de att känna av det direkt och backa. Så
istället för att försöka få dem att prata genom
tvingade frågor eller konstlade samtalsämnen, låt
dem känna att det inte finns något tryck. Skapa en
miljö där samtal känns naturliga och kravfria. I
bilen, som i så många andra situationer, handlar
det om att vara avslappnad och tillåtande. Inte
varje fråga behöver vara en granskning av deras
känslor – ibland räcker det med att bara vara där
och skapa ett tryggt utrymme för dem att öppna
upp.

Och om allt annat misslyckas...
Då har du verkligen gjort ditt bästa. Du har
kämpat med dina tekniker och försökt att få ett
samtal, men din tonåring verkar fortfarande ha
bestämt sig för att ge dig korta svar och hålla sig
på avstånd. Det är lätt att bli frustrerad, men här
gäller det att vara tålamodig och acceptera
situationen. För kanske har de hört mer än du tror.
Kanske är de bara inte i pratstämning just nu, men
någonstans där inne, i bakhuvudet, har något du
sagt ändå fått dem att tänka. Och kanske, bara
kanske, kommer de nästa gång när de går ut
genom dörren på väg till en kompis eller skolan,
att helt plötsligt komma på något att säga som
bygger vidare på det lilla fröet du planterade för
länge sedan.Så nästa gång ni är på väg till
träningen, en väns hus eller någon annanstans, ta
tillvara på den här stunden tillsammans. För snart
nog kommer de att ha körkort och köra iväg på
sina egna äventyr. Då kommer du inte längre
kunna fånga deras uppmärksamhet på det där
sättet. Den lilla bilen där ni är fastlåsta tillsammans
kommer inte längre vara ett alternativ. Plötsligt är
ni inte lika beroende av varandra på det sättet,
och det kommer att vara mycket svårare att skapa
de där små stunderna av samtal. Så passa på att
stjäla en stund av deras tid. Sätt på den där gamla
80-talslåten du älskar och sjung för full hals. Sno
deras hörlurar om du kan. För de hör dig, även om
de aldrig skulle erkänna det.

KAPITEL 11:
HORMONER[2]

Ah, livet som mamma till tonåringar – det är som att delta i ett känslomässigt maraton. Men för oss som också jonglerar med förklimakteriets och klimakteriets berg-och-dalbanor? Då handlar det inte längre om ett vanligt maraton, utan om ett galet Ninja Warrior-lopp, ett quizprogram och en teaterscen – allt på samma gång, utan manual eller manus. Tonårshormoner är som en orkan, full av intensiva känslor, plötsliga utbrott och oväntade vändningar. Och här står du, mitt i stormens öga, med ditt eget hormonella kaos som gör allt ännu mer dramatiskt. Förklimakteriet och klimakteriet kommer med sina egna humörsvängningar, värmevallningar och kanske en känsla av identitetskris. Du börjar långsamt acceptera att din kropp förändras, och mitt i allt detta möts du av en tonåring som tycker att du är förändrad, jobbig och, ja, ganska orimlig. Ironiskt, eller hur?

När tonårshormoner kolliderar med klimakteriehormoner: Den perfekta stormen.

Det känns nästan som om livet ropar: "Vet du vad som skulle vara kul? Om båda generationerna här hemma kör på fullhastighet med sina känslor samtidigt!" Ena minuten kanske du kämpar med svett och irritation för att en strumpa ligger på golvet (igen), och nästa ögonblick möts du av en tonåring som skriker att "allt är så orättvist!" Är det strumpan som är boven? Nej. Är det hormonerna? Absolut. Är det lätt att hantera? Inte det minsta. Så hur överlever vi detta kaos?

1. **Ge dig själv tillåtelse att känna efter**
   Du är inte bara mamma, du är också en individ
   med egna behov och gränser. Det är lätt att
   sätta tonåringens känslomässiga berg-och-
   dalbanor först och glömma bort dig själv. Men
   om du ignorerar dina egna känslor och
   symtom kommer frustrationen byggas upp,
   som en tryckkokare som är på väg att
   explodera. Ta en stund varje dag och fråga dig
   själv: Hur mår jag idag? Vad behöver jag? Och
   viktigast av allt – får jag den hjälp och stöd jag
   verkligen behöver? Det är okej att prioritera
   sig själv.

2. **Humor, humor och mer humor**
   När både du och din tonåring är på väg att
   explodera för att någon glömde fylla på
   toapappret, stanna upp och skratta åt hur
   absurt det är. Säg något som "Okej, vi är två
   hormonella vulkaner här – låt oss inte spruta
   lava samtidigt!" Att släppa ut ett skratt kan
   ibland vara den bästa räddningen för att lätta
   på trycket och få perspektiv.

3. **Skapa frizoner**
   Det känns som om ni alltid är i konflikt, men
   skapa frizoner där det är okej att bara vara,
   utan krav eller förväntningar. Det kan vara en
   tyst timme, en promenad utan diskussioner,
   eller ett gemensamt Netflix-maraton där ingen
   analyserar handlingen. I dessa små
   andningshål kan ni båda få tid att ladda om.

4. **Var öppen med dina egna utmaningar**
    Berätta för din tonåring att du också går
    igenom en hormonell berg-och-dalbana. Säg:
    "Mina hormoner gör det inte lätt för mig,
    precis som dina." Det visar att du förstår, och
    att det är okej att vara överväldigad ibland.
    Det kan även skapa en oväntad känsla av
    samhörighet mellan er.

5. **Praktisera "hormonbalans-diplomati"**
    När konflikter blossar upp, stanna upp och
    fråga: "Är detta ett hormonellt ögonblick, eller
    ligger något annat bakom?" Ofta blir det
    lättare att hantera när du inser att det är
    biologin som talar, inte en personlig attack.

6. **Sätt gränser och ta pauser**
    Det är okej att säga: "Nu behöver jag en paus.
    Vi pratar om det här om en stund." Det visar
    respekt både för dig själv och din tonåring.
    Dessutom lär det dem att hantera konflikter på
    ett mer hälsosamt sätt.

Och du som partner – du är inte osynlig i detta.
Att stå vid sidlinjen men ändå vara mitt i kaoset
kan vara både frustrerande och förvirrande. När
din partner genomgår klimakteriet och din
tonåring navigerar genom sina egna
hormonstormar, känns det som att vara en
åskådare i sitt eget hem. Det är som om du är med
i en dramatisk föreställning, men utan att ha fått
något manus eller ens en instruktion om vilken roll

du spelar. Men här är den stora sanningen – din roll är faktiskt mycket viktigare än du tror. Du kanske inte alltid har en lösning på de känslomässiga berg-och-dalbanorna som pågår, men din närvaro betyder oerhört mycket. Ofta handlar det om att vara där utan att försöka fixa eller lösa alla problem. I stället är det att ge stöd genom att vara en stadig närvaro, att lyssna utan att hela tiden komma med råd och lösningar. Ibland är det de små, omtänksamma gesterna som verkligen gör skillnad – som att servera en kopp te när någon verkar överväldigad, ge en klapp på axeln för att visa att du finns där, eller bara säga ett tyst "jag ser dig". De är enkla, men kraftfulla sätt att påminna din partner eller tonåring om att de inte är ensamma i det här kaoset.

Det är också viktigt att förstå att både din partner och din tonåring går igenom stora förändringar, som kan vara både fysiska och emotionella. Dessa förändringar kan kännas förvirrande och skrämmande, och ibland är det lätt att bli frustrerad när du inte riktigt förstår vad som händer. Men ditt tålamod, din förståelse och din närvaro kan hjälpa mycket. Samtidigt är det avgörande att du inte glömmer bort dig själv i allt detta. Du är också en del av den hormonella stormen och har rätt att känna, vara trött och behöva en paus ibland. Det är okej att säga, "Jag behöver en stund för mig själv", för att kunna hämta kraft och komma tillbaka med mer tålamod och energi. Ditt eget välbefinnande spelar en stor

roll i att kunna vara den bästa partnern och
föräldern.

Ta det dag för dag. Och när allt annat känns som
en utmaning, fyll frysen med glass och dela en
skål under en av de där frizonerna. I slutändan
handlar det om att vara mänsklig – både för dig
själv, din partner och din tonåring.

KAPITEL 12:
OH THE DRAMA!!

Tonåringar lever i en värld där känslorna svänger
snabbt och intensivt. Ena stunden fnittrar de
tillsammans med sina vänner, planerar nästa
roliga aktivitet och verkar oskiljaktiga. Nästa stund
kan ett enda missförstånd – kanske ett uteblivet
svar på ett meddelande eller en misstolkad blick i
skolkorridoren – få det att kännas som om hela
världen rasar samman. För föräldrar kan det vara
omvälvande att följa med i dessa känslostormar,
men det är en naturlig del av att växa upp.
Tonåringar genomgår en period där deras
känsloliv är intensivt och förändras snabbt. För oss
vuxna kan det vara svårt att förstå hur något som
verkar obetydligt kan få en så stor betydelse. Att
inte bli bjuden på en fest, att se en vän umgås
med någon annan, eller att få en kort kommentar
på sociala medier kan göra att en tonåring känner
sig utanför eller sviken. För dem är vänskap och
socialt sammanhang något av det viktigaste som
finns, och när dessa relationer skakar, blir det
därför en stor del av deras verklighet. Det handlar
inte om att överreagera – det handlar om att de
ännu inte har den livserfarenhet och det
perspektiv vi vuxna har. Ibland känns det som att
du bara kan stå vid sidan av och se på när dramat
spelas upp. Ena dagen är allt fantastiskt, nästa dag
är det kris för att någon inte gillade en bild på
Instagram eller inte bjöd in till en hängkväll. Du
kanske står där med en kopp kaffe i handen och
undrar hur ni hamnade här. Men även om det
känns förvirrande och utmattande, så betyder din

närvaro mer än du tror. Din tonåring behöver dig, även när det verkar som om du är den sista personen de vill prata med. Genom att finnas där, lyssna utan att döma och visa förståelse, ger du dem en trygghet som hjälper dem att navigera i sina relationer. Det handlar om att skapa en relation där ditt barn vet att de kan vända sig till dig, oavsett vad som hänt. Ibland vill de bara bli lyssnade på utan att få råd, ibland behöver de konkreta förslag på hur de kan hantera en situation. Ibland behöver de bara få höra att det är okej att känna som de gör. Att visa att du förstår och att du finns där utan att avfärda deras känslor som överdrivna eller onödiga kan göra en stor skillnad. Men det är inte alla tonåringar som uttrycker sina känslor högljutt. Vissa kämpar i tysthet, drar sig undan och bär på sina bekymmer utan att någon märker det. För de introverta tonåringarna kan vänskapens svängningar, grupptrycket och sociala förväntningar kännas överväldigande, men istället för att ventilera högt, bär de på sin oro i ensamhet. Som förälder kan det vara svårt att upptäcka när ett barn mår dåligt om de inte berättar det själva. Därför är det viktigt att vara uppmärksam på små signaler – kanske har de blivit tystare än vanligt, isolerar sig mer eller verkar oroliga utan att säga varför. I dessa stunder är det avgörande att skapa en miljö där de känner sig trygga nog att öppna sig. Istället för att pressa dem att prata, kan du erbjuda små stunder av närhet – kanske under en bilresa, på en promenad eller genom att bara sitta ner tillsammans i soffan utan krav på samtal. Genom att visa att du finns där, utan att tvinga fram ord, ger du dem möjligheten att komma till dig när de är redo. En annan viktig aspekt är att förstå att introverta tonåringar kan ha ett annat sätt att bearbeta sina känslor. De kanske inte vill prata direkt om vad som tynger dem, men att skriva dagbok, lyssna på musik eller rita kan vara deras sätt att bearbeta sina känslor. Som förälder kan du uppmuntra dessa uttrycksformer genom att visa intresse och skapa en tillåtande atmosfär där deras sätt att hantera livet respekteras. Det kan också hjälpa att visa att det är okej att be om hjälp. Ibland kanske ditt barn känner att de måste klara av allt själva, men att höra att även vuxna kan behöva prata med någon kan göra det lättare för dem att öppna sig. Om du märker att de har det riktigt tufft kan det vara bra att prata om möjligheten att få stöd från exempelvis en skolkurator eller terapeut. Det viktiga är att inte pressa dem, utan snarare visa att det finns alternativ och att det är helt okej att använda dem. Oavsett om din tonåring är högljudd och dramatisk eller tyst och inåtvänd, är din roll densamma: att vara en trygg punkt i deras liv. Att lyssna, att visa att du bryr dig och att aldrig underskatta kraften i enkla ord som: "Jag finns här för dig, vad det än är." När de vet att de har en stabil vuxen i sitt liv som ser dem och bryr sig, skapar det en grundtrygghet som hjälper dem att hantera livets upp- och nedgångarDin roll som förälder? Stödjande men utan att gå för djupt in i dramat. Som förälder är du mest en åskådare i detta drama. Du kan vara där för att lyssna, ge råd när det behövs, men du kommer inte att kunna lösa allt åt dem – och du ska inte heller försöka. Försök att vara närvarande utan att gå in för mycket i deras konflikt, för ofta behöver de bara ventilera sina känslor, och så småningom kommer de att hitta sin egen väg genom det. När de kommer och söker råd om något som känns som världens största problem för dem (och förmodligen är det just då det), kan du ge en lugn, men realistisk syn på saken. Det handlar inte om att bagatellisera deras känslor, utan att hjälpa dem att sätta saker i perspektiv. Ett bra sätt att göra det på är att fråga: "Vad vill du göra åt det här? Vad känns bäst för dig?" Det hjälper dem att tänka på lösningar istället för att bara stanna i dramat.

Att vara en förälder till en tonåring handlar inte om att lösa allt för dem, utan om att finnas där, stötta dem och hjälpa dem att växa genom de känslomässiga stormarna. Du kommer inte alltid att förstå exakt vad de går igenom, men din förmåga att lyssna, visa empati och vara en konstant i deras liv är det som betyder mest. Och när du står vid deras sida, redo att lyssna utan att döma, ger du dem den största gåvan – tryggheten i att veta att du finns där, oavsett vad som händer.

Så här kan du hantera det:

❖ **Lyssna, utan att gå in i dramat**

Hör vad de säger, bekräfta deras känslor men försök att inte låta dig svepas med för mycket. Det är okej att säga: *"Det låter verkligen jobbigt"*, men försök att inte gräva djupare om de inte vill.

❖ **Ge tid och utrymme**

När de är mitt i en dramatisk situation, kanske det bästa du kan göra är att ge dem lite lugn och ro. Låt dem bearbeta sina känslor utan att du försöker styra deras reaktioner. Efter en stund kan det vara lättare att prata om det, när de har haft tid att andas och reflektera.

❖ **Erbjud perspektiv när det behövs**

Om de kommer till dig och säger att hela deras liv är över på grund av en missad fest eller en udda kommentar från en kompis, påminn dem om att även om det känns som en katastrof just nu, så kommer de förmodligen att glömma bort det om några veckor. Att kunna sätta känslorna i ett större sammanhang kan hjälpa dem att se saker från ett annat håll.

❖ **Ge dem råd när de verkligen behöver det**

När de söker din hjälp, var den som ger praktiska råd utan att överdriva. Råd om vänskap är ofta att hålla sig ärlig och att vara sig själv, men utan att gå för djupt i en analys av alla möjliga scenarier. Tonåringar vill ofta ha en enkel, konkret lösning – inget komplicerat.

❖ **Skratta och håll humöret uppe**

När dramat är som mest intensivt, kan det faktiskt vara lite komiskt – även om det inte känns så just då. Humor är ett bra sätt att hantera kaoset och skapa lite distans till det hela. Din tonåring kommer med största sannolikhet inte att tycka det är kul, men du kommer. WIN!

KAPITEL 13:
KONSTEN ATT KONVERSERA DIN TONÅRING

Att samtala med din tonåring kan ibland kännas
som att försöka prata med en katt – du kan säga
vad du vill, men ofta möts du av en tom blick eller
en likgiltig axelryckning. Kanske minns du de dagar
när din lilla pratkvarn kom inrusande genom
dörren och entusiastiskt berättade om dagens alla
händelser i skolan. Nu känns det snarare som att
du försöker få en envåldshärskare att bevilja
audiens. Men oroa dig inte, det finns sätt att bryta
igenom den till synes ogenomträngliga muren och
skapa stunder av meningsfull kommunikation.

1. Ställ oväntade frågor

De klassiska fraserna "Hur var skolan idag?" eller
"Vad har du gjort?" leder ofta till de lika klassiska
och korta svaren: "Bra." eller "Inget särskilt."
Istället kan du testa att ställa frågor som väcker
nyfikenhet och tankar. Fråga till exempel: "Vad var
det mest överraskande som hände idag?", "Om du
kunde byta plats med någon i klassen för en dag,
vem skulle det vara och varför?" eller "Vad var det
roligaste du hörde idag?". Genom att formulera
frågor på ett annorlunda sätt kan du locka fram
mer än bara enstaviga svar och samtidigt visa att
du är genuint intresserad.

2. Låt samtalen vara kravlösa

Ibland är det lätt att glömma att tonåringar, precis
som vi vuxna, inte alltid är på humör för samtal.
Ibland behöver de sin egentid, och det är viktigt

att respektera det. Genom att skapa en
avslappnad atmosfär där det inte finns krav på att
prata kan du istället öppna upp för spontana
samtal. Kanske kommer de till dig när de känner
sig redo, och det är då du har din chans att lyssna
utan att pressa fram en konversation.

3. Använd humor och lekfullhet

Humor är ett av de bästa verktygen för att skapa
en avslappnad och öppen dialog. Ett oväntat
skämt eller en rolig fråga kan göra att din tonåring
släpper garden och engagerar sig i samtalet. Testa
att säga något lekfullt, som: "Om du var en
superhjälte, vilken kraft skulle du vilja ha?" eller
"Vilken kändis skulle spela dig i en film om ditt
liv?". Om du vågar dra ett klassiskt "pappa-skämt"
kanske du får en ögonrullning, men innerst inne
uppskattar de nog att du försöker.

4. Visa att du lyssnar – på riktigt

Det kan vara lockande att fylla tystnaden med
egna berättelser eller råd, men ibland vill
tonåringar bara bli hörda. När de väl börjar prata,
låt dem tala till punkt utan att avbryta eller
komma med omedelbara lösningar. En nick, ett
"jag förstår" eller ett "berätta mer" kan vara precis
vad de behöver för att känna sig bekräftade. Om
du visar att du är närvarande och engagerad i vad
de säger, är chansen större att de kommer till dig
även i framtiden.

5. Dela med dig av egna upplevelser

Tonåringar kan ibland känna att föräldrar "inte fattar", men genom att dela med dig av egna erfarenheter från din ungdom kan du visa att du också har varit där. Berätta om en gång när du gjorde bort dig på en skoluppgift, eller när du kände dig osäker i en ny situation. Det gör dig mer relaterbar och kan öppna upp för en djupare konversation där de känner sig bekväma att dela med sig av sina egna tankar och känslor.

6. Skapa gemensamma rutiner

Att hitta små, naturliga stunder för samtal i vardagen kan göra underverk. Kanske kan ni ha en gemensam kvällsfika där ni pratar om dagen som gått, eller en söndagspromenad där ni småpratar om allt mellan himmel och jord. Att skapa dessa återkommande stunder gör att samtalandet blir en naturlig del av vardagen, utan att det känns som ett "förhör".

7. Anpassa dig efter deras intressen

Visa intresse för det din tonåring brinner för, även om det handlar om spel, sociala medier eller en artist du aldrig hört talas om. Fråga: "Vad tycker du är så bra med den här låten?", "Hur fungerar det där spelet egentligen?" eller "Har du sett något roligt på TikTok idag?". Även om det kanske inte alltid är det mest intressanta för dig, visar det att

du bryr dig om deras värld, vilket kan öppna upp
för fler samtal.

8. Ha tålamod och ge det tid

Att få en tonåring att öppna sig är inte något som
sker över en natt. Ibland kanske det känns som att
dina frågor och försök till konversation bara
studsar tillbaka, men ge det tid. Om du fortsätter
att finnas där, lyssna och visa intresse, kommer de
förr eller senare att känna sig trygga nog att prata
mer med dig.

Att samtala med en tonåring kan ibland kännas
som en utmaning, men det handlar mycket om att
skapa en atmosfär där de känner sig trygga och
accepterade. Genom att vara närvarande, lyhörd
och ha en stor portion tålamod kan du bygga en
relation där de känner att de alltid kan vända sig
till dig. Och när de väl gör det – även om det bara
är för att prata om den senaste trenden eller en
rolig meme – så vet du att du har lyckats. För
varje liten konversation, varje skratt och varje
delad tanke bygger ni en starkare relation. Så håll
ut, ha roligt och njut av de små stunderna – de
betyder mer än du tror!

KAPITEL 14:
SÖMN

Som förälder till en tonåring har du säkerligen stött på den där blicken—den där tonåringen som verkar vara helt förlorad i sitt TikTok-flöde, skrattar åt något som är långt ifrån roligt eller stirrar på telefonen långt efter att du har bett om att de ska gå och lägga sig. Och där ligger du, kämpar för att få dem att förstå vikten av en god natts sömn. För visst har vi hört det förut—sömn är viktig, men för tonåringar är det extra avgörande. Deras hjärna är under konstant ombyggnad och om de inte får tillräckligt med vila och återhämtning, påverkar det inte bara deras fysiska hälsa, utan också deras känslomässiga balans och kognitiva förmåga. Det handlar om mer än att vara utvilad för skolan nästa dag.

En av de största utmaningarna för föräldrar till tonåringar är att få dem att förstå vikten av sömn. Tonåringar är ofta medvetna om sin önskan att vara "up-to-date" med sina sociala medier, delta i kvällens chattsessioner med vänner eller följa trender på olika plattformar. Men samtidigt, precis som vuxna, behöver deras kroppar återhämta sig från dagens intryck för att kunna fungera på bästa sätt. Men deras biologiska klocka gör det inte lätt för dem att förstå detta. Tonåringar har en förskjuten sömncykel, vilket innebär att deras kroppar är designade för att vilja vara vakna senare på kvällen och sova längre på morgonen. Detta beror på en fördröjd utsöndring av melatonin, ett hormon som styr sömnen. Därför kan deras förmåga att somna vid en rimlig tid på

kvällen vara mycket svårare än för vuxna.
Enligt en studie publicerad av National Sleep
Foundation (NSF), **"Teen Sleep Needs"**, behöver
tonåringar mellan 8 och 10 timmars sömn varje
natt för att upprätthålla en god fysisk och mental
hälsa. Det är inte bara deras kroppar som behöver
sömn—deras hjärnor är under intensiv utveckling.
Denna utveckling innebär att hjärnan aktivt
omstrukturerar och förstärker sina neurala
kopplingar under sömnen. Det är när de sover som
hjärnan bearbetar de nya intryck som tonåringar
ställs inför dagligen, inklusive känslomässiga
erfarenheter och akademiska utmaningar.

**"Hjärnan genomgår stora förändringar under tonåren,
och sömn är avgörande för optimal hjärnutveckling och
funktion,"** säger Dr. Judith Owens, en expert på
barns sömn från Brown University och en av
författarna till studien. Hon förklarar vidare:
**"Otillräcklig sömn kan påverka kognitiva processer som
uppmärksamhet, minne och beslutsfattande, samt
emotionell reglering."** Det betyder att om din
tonåring inte får tillräckligt med sömn påverkas
deras förmåga att koncentrera sig, minnas
information och fatta bra beslut. Dessa processer
är avgörande för deras prestation i skolan och i
deras sociala liv.
Förutom att den kognitiva funktionen påverkas,
spelar sömn en stor roll för tonåringens
emotionella välmående. Tonåringar som inte får

tillräckligt med sömn löper större risk att utveckla humörsvängningar, ångest och depression. Det är inte ovanligt att tonåringar, som på ytan verkar vara "normala", plötsligt bli mycket mer känslomässiga och irriterade. Det kan vara en direkt konsekvens av sömnbrist. Det är också kopplat till ökad risk för att utveckla beroende av alkohol, droger och andra substanser. Brist på sömn kan nämligen göra det svårare för tonåringar att kontrollera sina impulser och fatta rationella beslut. Så, vad kan vi som föräldrar göra för att hjälpa våra tonåringar att få den sömn de verkligen behöver?

För att säkerställa en god sömn hos tonåringar är det avgörande att skapa en miljö som stödjer deras sömnbehov. En stor utmaning är att hantera de många distraktionerna, särskilt de som kommer från skärmar. Skärmar—telefoner, datorer och TV-apparater—är en av de främsta orsakerna till sömnstörningar. Forskning visar att det blå ljuset som skärmar avger stör produktionen av melatonin, ett hormon som hjälper oss att somna. Enligt National Sleep Foundation, "Exponering för blått ljus från skärmar kan påverka kroppens dygnsrytm och fördröja insomningstiden." För tonåringar är detta särskilt problematiskt, eftersom deras biologiska klocka redan är förskjuten och får dem att vara naturligt mer aktiva på kvällen. Flera studier, som publicerats i *JAMA Pediatrics* och *The Sleep Health Foundation*, understryker vikten av att tonåringar undviker skärmar minst en timme före sänggående för att förbättra sömnkvaliteten och minska insomningstiden.Förutom att minska skärmtid är det viktigt att tonåringar upprätthåller en regelbunden sömnrutin. Forskning från American Academy of Sleep Medicine visar att en konsekvent sömntid, även under helgerna, är avgörande för att stabilisera deras inre biologiska klocka. Detta innebär att tonåringar inte bara ska försöka få tillräcklig sömn, utan också att sömnens timing är avgörande. Enligt forskning från *Sleep Foundation* innebär oregelbundna sömnmönster ett högre risken för att utveckla problem med både fysisk och psykisk hälsa.Föräldrar kan spela en nyckelroll i att hjälpa sina tonåringar att förstå vikten av god sömn. Enligt *National Institutes of Health* (NIH) innebär brist på sömn bland tonåringar ökad risk för depression, ångest, övervikt och nedsatt kognitiv funktion. Det är därför viktigt att föräldrar inte bara påminner sina barn om att gå till sängs i tid, utan också att skapa en lugn och tyst sovmiljö. Att undvika starkt ljus och höga ljud på kvällarna och erbjuda en bekväm sovmiljö kan hjälpa tonåringar att somna snabbare och sova bättre.Att förstå att tonåringar kanske inte alltid förstår vikten av god sömn är avgörande. Genom att skapa en stödjande och konsekvent miljö där föräldrar inte bara ger regler utan också förklarar varför sömn är viktig, kan vi ge våra tonåringar de bästa förutsättningarna för att utvecklas både fysiskt och mentalt.

Tre råd för att underlätta sömnen för tonåringar:

Skapa en skärmfri zon innan läggdags: Försök att minska tonåringens skärmtid en timme innan de ska gå och lägga sig. Telefoner, datorer och TV skapar ljus som stör melatoninproduktionen och förhindrar insomning. Skärmfri tid på kvällen främjar en bättre sömnkvalitet.

Ha en konsekvent sömnrutin: Försök att hjälpa din tonåring att hålla en regelbunden sömnrutin, även på helgerna. Det innebär att gå till sängs och vakna vid samma tid varje dag. Detta kan hjälpa deras kropp att etablera en naturlig rytm och göra det lättare att somna och vakna på rätt tid.

Skapa en lugn och avkopplande sovmiljö: Se till att sovrummet är mörkt, tyst och svalt. En rofylld miljö kan hjälpa din tonåring att slappna av och somna snabbare. Undvik att ha hög ljudnivå eller stark belysning i rummet innan läggdags för att undvika onödiga störningar.

Det är inte alltid enkelt att få tonåringar att förstå vikten av god sömn, men det är avgörande för deras hälsa och välmående. Deras hjärnor behöver tid för att återhämta sig och bearbeta de intryck de tar emot under dagen. Vi som föräldrar har ett ansvar att skapa en miljö där de kan få den återhämtning de behöver för att vara sina bästa jag—fysiskt, mentalt och emotionellt. Tänk på det här som en möjlighet att uppmuntra till aktiviteter där ni faktiskt är närvarande – inte bara i samma rum utan på riktigt. Spela ett brädspel, gör en stor middag tillsammans eller sätt på en film och prata om den efteråt, som om ni var i 90-talets glansdagar. Och om de klagar på att de "inte kan leva utan Wi-Fi", påminn dem om att världen en gång var ett ganska bra ställe utan det.

Forskning stöder det hela

Enligt en artikel i Läkartidningen från 2013 diskuterar forskare hur skärmtid påverkar barns och ungdomars hälsa och betonar vikten av att begränsa den. Barn och tonåringar behöver tid att fokusera på andra delar av livet, som familjeinteraktion, sociala aktiviteter och fysisk rörelse. Forskning har visat att ökad skärmtid kan leda till stress och sömnproblem, vilket gör det ännu viktigare att hitta en balans. Genom att medvetet minska skärmtiden och ibland "kasta bort" Wi-Fi kan barn och tonåringar förbättra sin mentala och fysiska hälsa. Att vara utan skärmar ger dem möjlighet att varva ner, koppla av och stärka sina relationer med familj och vänner.

KAPITEL 15:
MOROT?

Att prata om sex med våra barn kan kännas som att navigera i ett emotionellt minfält, men det är en av de viktigaste konversationerna vi som föräldrar kan ha. Det handlar inte bara om att förklara hur kroppen fungerar, utan om att ge våra barn en sund och realistisk syn på relationer, känslor och deras eget värde.

Många av oss bär på en ryggsäck full av osäkerheter och obekväma minnen från vår egen uppväxt. Kanske pratade våra föräldrar aldrig om sex, eller så var det ett samtal präglat av skam och förvirring. Kanske är det därför vi ryggar tillbaka vid tanken på att ta upp ämnet med våra egna barn. Men här är sanningen: om vi inte pratar med dem, så kommer någon annan att göra det. Och det vi inte vill, är att den andra källan är porrindustrin.

Porr är inte sex

Det första vi måste förstå är att porr på intet sätt ger en realistisk eller ens rimlig bild av vad sex är. Pornografi är en industri, byggd för att sälja fantasier och generera pengar – inte för att undervisa om ömsesidighet, kärlek eller ens basal mänsklig närhet. Att låta våra barn få sin sexuella världsbild formad av porr är som att låta dem lära sig om kärlek genom att enbart titta på Hollywood-filmer: det är ytligt, skevt och ofta rent skadligt.

Forskning visar att ungdomar som regelbundet konsumerar porr kan få en förvrängd bild av sex och relationer. De kan utveckla orealistiska förväntningar på sina egna kroppar och prestationer, och i värsta fall lära sig att sex är något som sker på en annan människas bekostnad. Studier har också visat att porrkonsumtion kan leda till en avtrubbning av empati och en ökad acceptans för sexuellt våld (Flood, M. 2009. "The Harms of Pornography Exposure Among Children and Young People").

Sexindustrins mörka baksida

Det är lätt att tänka att porr är en oskyldig vuxenaktivitet, men bakom de glansiga ytorna finns en verklighet präglad av människohandel, prostitution och exploatering. Många av de kvinnor (och barn) vi ser i porrfilmer är där mot sin vilja, indragna i en industri som systematiskt utnyttjar sårbara människor. Organisationer som Polaris och ECPAT har visat att det finns en direkt koppling mellan porrkonsumtion och efterfrågan på traffickingoffer (Polaris Project, 2021).

Att prata med våra barn om detta handlar inte om att skrämma dem, utan om att ge dem kunskap. Vi vill att de ska förstå att sex är något som bör bygga på kärlek, respekt och ömsesidig vilja – inte på makt och exploatering.

Att prata om sex utan skam

En av de största utmaningarna vi som föräldrar
har är att hantera vår egen skam och obekvämhet
inför sex. För det vi tycker är genant, kommer
även våra barn att tycka är genant. Om vi kryper
ihop av obehag när de ställer frågor om könsorgan
eller relationer, signalerar vi att ämnet är
tabubelagt. Och då kommer de att söka svar
någon annanstans – på internet, i kompisgänget
eller via sociala medier.

Nyckeln till att få våra barn att våga prata med
oss om allt från könssjukdomar till porr och
oralsex, är att vi själva vågar vara raka och
tydliga. Det finns faktiskt inget som är pinsamt
med sex om vi inte väljer att göra det pinsamt.
Det handlar om att vara förberedd, ha en sund
inställning och se det som vilken annan viktig
livslektion som helst.

Ta tag i dina egna pinsamhetsdemoner

Om du känner att det är svårt att prata om sex,
fundera på varför. Vad i din egen bakgrund gör
ämnet laddat? Vilka erfarenheter bär du på?
Kanske är det dags att bearbeta gamla
tankemönster och skaka av sig onödig skam?
Och vem vet, om du gör det kanske det till och
med gör underverk för din egen sexualitet. Många
vuxna bär på osäkerhet och obearbetade känslor
kopplade till sex, och genom att våga möta dessa
kan du själv få en friare och mer avslappnad
relation till din kropp och din njutning.

Hur skapar vi en öppen dialog?
Så hur börjar vi? Här är några konkreta steg:

1. **Skapa en trygg miljö** – Prata med ditt barn i
    situationer där det känns naturligt, som under
    en promenad eller i bilen. Då slipper ni den
    obekväma ögonkontakten som kan göra
    samtalet spänt.

2. **Var tydlig och ärlig** – Använd rätt ord för
    könsorgan och var rak på sak. Undvik att linda
    in saker eller använda omskrivningar som kan
    skapa mer förvirring än klarhet.

3. **Prata om känslor och respekt** – Sex är inte bara
    en fysisk handling, det handlar om relationer,
    ömsesidighet och gränssättning.

4. **Ge praktiska verktyg** – Att ha kondomer hemma
    och visa hur de används är inte att uppmuntra
    till sex, det är att uppmuntra till ansvarsfullhet.
    Ge dem kondomer på deras 15års dag för att
    kunna öva och bli bekväma. Sönerna har
    utrustningen medfött, döttrarna kan behöva
    en påse morötter att öva på.

5. **Föregå med gott exempel** – Våga prata öppet om
   kroppar och relationer i vardagen. Visa att sex
   är något naturligt och positivt, men också
   något som kräver respekt och eftertanke.

En livslång konversation

Att prata om sex är inte en engångsgrej, utan
något vi behöver göra i små doser genom hela
uppväxten. Vi börjar tidigt med att prata om
kroppar och gränser, och bygger på med mer
komplexa samtal om relationer och samtycke i
tonåren. Genom att vara närvarande och lyhörda
kan vi ge våra barn den trygghet de behöver för
att navigera sitt eget kärleksliv på ett hälsosamt
sätt.

Och det bästa av allt? Genom att ha dessa samtal
visar vi dem att vi alltid finns där, oavsett vad de
undrar eller går igenom. Och det är en gåva som
är ovärderlig.

Referenser:

*Flood, M. (2009). "The Harms of Pornography Exposure Among
Children and Young People."*

*Polaris Project (2021). "The Relationship Between Pornography
and Human Trafficking."*

*ECPAT International. "Sexual Exploitation and the Online
World."*

.

KAPITEL 16:
SOCIALA MEDIER

Sociala medier och dess påverkan på ungdomars självbild, mentala hälsa och kroppsuppfattning

Sociala medier är idag en naturlig del av tonåringars liv. De erbjuder en plats för kommunikation, kreativitet och självuttryck, men de kan också innebära en källa till press och orealistiska ideal. Både flickor och pojkar påverkas av de skeva verklighetsbilder som förmedlas online, vilket kan leda till ökad stress, ångest och problematisk kroppsuppfattning. Som föräldrar kan vi spela en avgörande roll i att hjälpa våra barn att navigera genom den digitala världen med en sund och kritisk syn.

Den skeva verkligheten på sociala medier

Föreställ dig att ditt barn vaknar upp varje morgon och möts av bilder på influencers med felfri hy, vältränade kroppar och en till synes perfekt vardag. Samtidigt ser de sin egen verklighet – skola, prov, vänskapsdrama och vardagliga bekymmer. Jämförelsen blir oundviklig och ofta orättvis.

Många bilder och videor som vi ser på sociala medier är noggrant regisserade och redigerade. De filtrerade och retuscherade bilderna skapar en illusion av perfektion som få kan leva upp till i verkligheten. Flickor och pojkar kan börja ifrågasätta sitt eget utseende och sin egen livsstil, vilket kan leda till ökad osäkerhet och självkritik.

Det är viktigt att prata med våra barn om detta. Vi måste hjälpa dem att förstå att det de ser online inte är hela sanningen – det är en noga utvald version av verkligheten. Att lyfta fram detta perspektiv kan bidra till att minska den negativa självbild som sociala medier ibland skapar.

Ett av de största problemen med sociala medier är den ständiga exponeringen för kroppsideal som ofta är orealistiska. Bilder på träningsprofiler, dietreklam och "perfekta" kroppar kan bidra till en skev självbild och öka risken för ätstörningar. Detta gäller inte bara flickor – allt fler pojkar känner sig pressade att ha en vältränad och muskulös kropp.

För att motverka detta kan föräldrar:

1. Hjälpa barnet att förstå att kroppar kommer i alla former och storlekar:

Föräldrar kan aktivt prata om kroppens mångfald och visa positiva exempel på kroppar av olika former och storlekar i media, exempelvis genom att titta på reklam, filmer eller Instagramkonton som främjar kroppslig mångfald. Föräldrar kan också betona att alla kroppar är vackra på sitt sätt och att hälsa inte enbart handlar om utseende utan om hur man mår inuti. Ett bra sätt att göra detta på är genom att vara en förebild och visa att man själv har en hälsosam syn på sin kropp, vilket

skapar ett positivt och realistiskt kroppsligt
förhållningssätt i familjen.

2. Uppmuntra en sund relation till mat och motion:
Föräldrar kan hjälpa genom att skapa en positiv
och avslappnad atmosfär kring mat och fysisk
aktivitet. Istället för att fokusera på kalorier eller
viktnedgång, kan föräldrar prata om matens
näring och hur det får kroppen att må bra.
Uppmuntra familjeaktiviteter som inte handlar om
att "tränar för att gå ner i vikt" utan om att ha kul,
som att cykla, simma eller gå på en
naturpromenad. Genom att göra matlagning till en
rolig och inkluderande aktivitet kan föräldrar också
lära sina barn om vikten av att äta varierat och
balanserat utan att skapa skuld eller stress kring
måltider.

3. Ha en öppen dialog om känslor och självbild:
Föräldrar kan skapa en trygg plats för samtal om
kroppslig självkänsla genom att regelbundet fråga
hur barnet mår och lyssna aktivt på deras känslor.
När barnet uttrycker osäkerhet om sitt utseende,
kan föräldern hjälpa till att omdefiniera vad
skönhet är och att påminna om att värde inte
ligger i utseendet. Föräldrar kan också vara öppna
med sina egna känslor och självbild, vilket skapar
en atmosfär av ömsesidig förståelse. Genom att
visa empati och vara en trygg vuxen att prata
med, ger föräldrar barnet utrymme att bearbeta

sina känslor och stärka sin självbild på ett
hälsosamt sätt.

4. Uppmärksamma varningstecken på ätstörningar:
Föräldrar kan vara vaksamma på förändringar i
matvanor eller beteenden kring mat, som att
barnet plötsligt hoppar över måltider, talar
negativt om sin kropp eller blir väldigt orolig kring
sin vikt. Om de märker att barnet är mycket
ångestfyllt eller börjar begränsa sitt matintag på
ett extremt sätt, kan föräldrar direkt fråga barnet
om de känner sig bekväma med sin relation till
mat och kropp. Om föräldern upptäcker
varningstecken på ätstörningar är det viktigt att
söka professionell hjälp. Föräldrar kan också vara
noga med att aldrig kommentera barnets vikt eller
utseende negativt, utan istället uppmuntra till en
hälsosam livsstil och självkänsla baserat på inre
styrka snarare än yttre utseende.

Dessa handfasta metoder hjälper föräldrar att
stödja sina barn genom att bygga en sund
kroppslig självkänsla och samtidigt vara
uppmärksamma på tecken på ohälsosamma
beteenden och ångest kring mat och kropp.

Sociala medier kan ha en stor påverkan på
tonåringars mentala mående. Den ständiga
uppkopplingen, det snabba flödet av information
och känslan av att alltid vara "på" kan skapa både
stress och ångest. FOMO (Fear of Missing Out) är
ett fenomen där ungdomar känner att de måste

vara delaktiga i allt som händer för att inte gå miste om något viktigt, vilket kan leda till att de känner sig otillräckliga om de inte är online hela tiden. Dessutom kan negativa kommentarer och cybermobbning påverka deras självkänsla och skapa långvarig stress. För att hjälpa tonåringar att hantera sitt digitala liv på ett hälsosamt sätt kan föräldrar vara en viktig resurs.

Här är några konkreta aktiviteter och tips som föräldrar kan använda för att främja en mer balanserad relation till sociala medier:

1. **Skärmtidspauser:** Uppmuntra tonåringen att ta regelbundna pauser från skärmar under dagen. Detta kan vara en "digital detox" på 30 minuter till en timme där de gör något offline, som att läsa en bok, gå en promenad eller träna. Det kan hjälpa till att minska stressen och ge hjärnan en chans att återhämta sig.

2. **Skapa en positiv social medieupplevelse:** Hjälp tonåringen att sålla bland sina följare och innehåll. Uppmuntra dem att följa konton som inspirerar och motiverar dem, istället för de som får dem att känna sig otillräckliga eller stressade. Tillsammans kan ni också prata om hur algoritmerna fungerar och varför vissa inlägg får mer uppmärksamhet än andra, vilket kan hjälpa tonåringen att inte ta det personligt.

3. **Öppna samtal om känslor:** Om ditt barn känner sig nedstämt eller stressat av något på sociala medier, var lyhörd och ge dem utrymme att prata om sina upplevelser utan att döma. Hjälp dem att bearbeta sina känslor genom att ge stöd och påminn dem om att ingen är perfekt på sociala medier – många delar bara de bästa stunderna, vilket inte alltid speglar verkligheten.

4. **Fysisk aktivitet:** Uppmuntra till fysisk aktivitet som en naturlig paus från den digitala världen. Det kan vara något så enkelt som att gå ut och ta en promenad eller cykla tillsammans. Fysisk aktivitet hjälper till att minska stress och förbättra det psykiska välbefinnandet.

5. **Skapa skärmfri tid tillsammans:** Bestäm att det ska vara vissa tider på dygnet då hela familjen är skärmfria, till exempel vid middagen eller en timme innan läggdags. Under denna tid kan ni fokusera på att vara närvarande med varandra och göra aktiviteter som främjar mental hälsa – som att spela ett brädspel, ha ett samtal eller titta på en film tillsammans. Denna gemensamma tid kan stärka familjebanden och ge alla en chans att koppla bort från den digitala världen.

6. **Praktisera mindfulness och andningsövningar:** Lär tonåringen att använda mindfulness och andningsövningar som ett verktyg för att

minska stress relaterad till sociala medier. Till exempel kan ni göra enkla övningar som att sitta tysta i fem minuter och fokusera på andningen. Du kan också använda appar för meditation eller avslappning som hjälpmedel, vilket ger tonåringen verktyg att hantera ångest eller negativa tankar som kan komma från sociala medier.

7. **Sätt gränser för nattsurfande**: Hjälp tonåringen att sätta gränser för när de använder sina telefoner på kvällen. Många tonåringar spenderar timmar på sociala medier innan de går och lägger sig, vilket kan påverka deras sömn negativt. För att främja bättre sömn kan ni skapa en "skärmfri" zon innan läggdags, där de lämnar sina telefoner i ett annat rum eller stänger av alla enheter en timme innan det är dags att sova. Det kan hjälpa till att minska stress och förbereda kroppen för en bättre natts sömn.

Källkritik

Genom att erbjuda dessa aktiviteter och ge stöd kan föräldrar hjälpa sina tonåringar att skapa en hälsosam balans mellan det digitala livet och verkligheten.

Källkritik är en avgörande färdighet för dagens ungdomar, särskilt när de ständigt konfronteras med en ström av information på nätet. Föräldrar spelar en viktig roll i att hjälpa sina barn att utveckla en kritisk syn på den information de möter. Här är fem konkreta tips för att hjälpa ditt barn att vara mer källkritisk:

1. **Undersök källan – Vem har publicerat informationen?** För att förstå om informationen är pålitlig bör du först titta på vem som har publicerat den. Är det en välkänd och respekterad källa, som en akademisk institution, en nyhetsbyrå eller en expert på området? Eller kommer informationen från en okänd eller tveksam källa, som en bloggare utan expertkunskap? Föräldrar kan hjälpa genom att tillsammans med sitt barn besöka källan och prata om deras trovärdighet. Till exempel, om ditt barn ser en nyhet på sociala medier, kan ni tillsammans googla källan och ta reda på om det finns andra mer etablerade källor som bekräftar samma information.

2. **Skilj på åsikter och fakta – Bara för att någon uttrycker en åsikt betyder det inte att det är en sanning.** På nätet blandas ofta fakta och åsikter. Hjälp ditt barn att identifiera skillnaden genom att fråga: "Är det här en objektiv fakta, eller är det någon som delar sin egen åsikt?" Föräldrar kan också träna sitt barn att känna igen retoriska tekniker, som överdrivna uttryck eller laddade ord, som ofta används för att påverka känslor snarare än att förmedla faktiska uppgifter. En bra övning är att läsa artiklar tillsammans och sedan diskutera om

de innehåller fakta eller om de handlar mer om personliga åsikter.

3. **Jämför med andra källor – En pålitlig uppgift bör kunna bekräftas av fler källor.** En viktig aspekt av källkritik är att jämföra information från olika källor för att se om de säger samma sak. Om ditt barn ser en artikel som säger något dramatiskt eller ovanligt, kan du hjälpa till att undersöka om samma information finns i andra, mer etablerade källor. Föräldrar kan också lära sitt barn att använda pålitliga sökverktyg och databaser, som Google Scholar eller nyhetssidor som har en tydlig ansvarsfördelning, för att bekräfta fakta. Det här kan göras genom att föreslå att de söker efter samma ämne på flera ställen och jämför resultaten.

4. **Granska bilder och videor – Kontrollera om bilder är manipulerade eller videor är tagna ur sitt sammanhang.** Bilder och videor på internet kan lätt manipuleras, och ibland används de för att sprida felaktig information. För att hjälpa ditt barn att förstå detta kan ni tillsammans använda verktyg som *Google Reverse Image Search* för att se var en bild först publicerades och om den är manipulerad. För videor kan ni kontrollera om de är tagna ur sitt sammanhang eller om de har redigerats för att förstärka ett specifikt budskap. Det kan vara en bra idé att sätta upp en övning där ni

tillsammans hittar en bild eller video på nätet
och undersöker dess bakgrund.

5. **Diskutera intentionen – Vad är syftet bakom inlägget?** Varför delar någon denna information? Är syftet att informera, underhålla, sälja något, eller kanske manipulera någon? Att diskutera detta med ditt barn kan ge dem en djupare förståelse för varför vissa saker publiceras online. Föräldrar kan ställa frågor som: "Vad tror du den här personen vill att vi ska göra med den här informationen?" eller "Vad tycker du om den här reklamfilmen – tror du att den ger oss hela sanningen?" Det kan hjälpa ditt barn att utveckla en mer reflekterande och kritisk syn på det som sprids på nätet.

Genom att aktivt delta i ditt barns digitala liv och diskutera dessa aspekter av källkritik kan du hjälpa dem att utveckla en mer informerad och medveten inställning till den information de möter online.

Stärk barnets självkänsla

En stark självkänsla kan hjälpa barnet att hantera de negativa effekterna av sociala medier.

Så hur kan jag som mamma vara ett gott fördöme för min dotter när det kommer till att vara trygg i min egen kropp och hur jag ser på mig själv som kvinna? Det handlar om att vara medveten om de

små, dagliga sakerna jag gör och säger, även om
jag ibland inte tror att hon lägger märke till det.
Här är några sätt jag försöker vara den bästa
versionen av mig själv – och förhoppningsvis ge
min dotter något att se upp till!

Visa att alla kroppar är bra kroppar

Det börjar med att jag som mamma måste vara
snäll mot mig själv, och det innebär att vara okej
med min kropp. Jag vill att min dotter ska veta att
hennes kropp är fantastisk, oavsett storlek, form
eller hur många rynkor som kan dyka upp (tack,
ålder!). För att vara ett bra fördöme måste jag
sluta kritisera min egen kropp framför spegeln. Jag
försöker istället fokusera på vad min kropp kan
göra – som att jag fortfarande kan springa
(åtminstone korta sträckor!) eller lyfta tunga
matvaror utan att vrida ryggen. Det handlar om
att uppskatta det funktionella och det roliga,
snarare än att fastna i utseendet.

Skratta åt mig själv

En sak som verkligen hjälper mig att vara ett gott
fördöme för min dotter är att inte ta mig själv på
för stort allvar. Ja, jag kan vara en mamma som
fortfarande tycker att det är kul att göra TikTok-
danser (och nej, jag har inte alls koll på vilken
trend som gäller nu) och som råkar gå ut i regnet
utan jacka när jag tänker att "det ska nog inte bli
så mycket regn". Det här ger min dotter en
påminnelse om att vi inte behöver vara perfekta.
Vi får göra misstag, skratta åt oss själva och ändå

känna oss bra. Det är inte alltid den perfekta ytan
som räknas – det är att ha kul med livet!

Prata öppet om kropp och känslor

Att vara öppen om hur jag känner är en annan
viktig aspekt. Om jag har en dålig dag, pratar jag
om det istället för att dölja mina känslor. Jag vill
att min dotter ska veta att alla har dagar när man
känner sig osäker eller inte nöjd med sitt
utseende, men det betyder inte att vi inte är
värdefulla. Det är okej att vara lite kluven ibland,
men det betyder inte att vi ska låta den känslan
definiera oss. Genom att vara ärlig om mina egna
känslor kring kropp och självkänsla, hoppas jag att
jag lär min dotter att det är okej att känna sig
osäker ibland, så länge vi inte fastnar i det.

Sätt gränser för negativt kroppssnack

Jag försöker också sätta tydliga gränser för
negativt kroppssnack. Om jag hör någon, inklusive
mig själv, vara för hård mot sin egen kropp,
påminner jag mig själv (och andra) om att vi inte
ska tala nedlåtande om oss själva. Det handlar inte
om att vi alltid ska älska varje centimeter av vår
kropp (jag har till exempel ett förhållande till mina
knän som jag inte kommer att prata om här...),
men att vi inte behöver hata dem heller. Det är
viktigt att vi lär oss att vara snälla mot oss själva.

Belys inre värden över yttre

Det här är kanske den största grejen jag vill lära min dotter – att vad vi gör och vem vi är inuti är det som verkligen betyder något. Ja, utseendet är roligt att leka med ibland (jag älskar en bra outfit eller en perfekt mascara), men det är vårt hjärta, vår intelligens och våra handlingar som gör oss till de fantastiska människor vi är. Jag hoppas att hon ser att jag värdesätter mig själv för mina prestationer och mina värderingar, inte för hur jag ser ut när jag går ut genom dörren.

Som pappor spelar ni en central roll i våra tonårssöners liv. Ni är inte bara föräldrar, utan också förebilder som formar deras syn på världen, sig själva och deras kropp. Att vara pappa till en tonåring innebär att man måste vara medveten om sitt eget beteende, särskilt när det gäller frågor om kropp, självkänsla och självbild. Här är några tips på hur du kan vara ett bra fördöme för din son, och hjälpa honom att utveckla en positiv syn på sig själv – både på insidan och utsidan.

Visa att kroppen är till för att vara stark, inte bara snygg

En av de viktigaste sakerna du kan göra är att visa din son att kroppen inte bara handlar om att vara "perfekt" i yttre bemärkelse, utan om funktion och hälsa. Istället för att fokusera på att bygga en ideal kropp, prata om vikten av att vara stark och hälsosam. Om du tränar eller håller dig aktiv, förklara att det handlar om att känna sig bra och ha energi för att kunna leva ett aktivt liv – inte om att se ut på ett visst sätt. När din son ser att du använder din kropp för att må bra och inte för att uppnå någon ouppnåelig bild av perfektion, kommer han att förstå att det handlar om att vara funktionell och ta hand om sig själv, inte om att ständigt sträva efter ett utseende.

Fira framgångar, inte bara kroppens prestationer
Försök att uppmärksamma och fira framgångar som inte har något att göra med fysiken. Vi pratar ofta om prestationer när det gäller idrott eller kroppsliga mål, men det är lika viktigt att lyfta fram hans prestationer i skolan, hans talanger och hans förmåga att bygga goda vänskapsrelationer. Om han lyckas med något, var den första att gratulera honom – men påminn honom också om att det inte handlar om att vara bäst på något, utan att ge sitt bästa. Det är hans ansträngningar och karaktär som gör honom unik och värdefull. Genom att fira de inre egenskaperna snarare än de yttre prestationerna, lär du honom att hans självvärde inte ligger i hur han ser ut eller hur han presterar på en fysisk nivå.

Skämt om mina egna brister och misslyckanden
Som pappa är det också viktigt att du visar din son att det är okej att inte vara perfekt. Livet handlar inte om att alltid vara "den bästa versionen" av sig själv, utan om att vara autentisk och lära sig från sina misstag. När du gör ett misstag, skratta åt dig

själv och visa att du inte är rädd för att vara mänsklig. Om du klantar dig, vare sig det är på jobbet eller hemma, prata öppet om det och förklara att det är okej att misslyckas. Det är en del av livet och vägen till lärande. På så sätt lär du honom att misstag inte definierar honom som person, utan snarare är möjligheter att växa och utvecklas.

Belys viktiga inre kvaliteter

Fokusera på att uppmuntra och förmedla vikten av inre egenskaper. När du pratar om självkänsla och självbild, se till att han förstår att hans värde inte ligger i hur han ser ut eller vad andra tycker om honom, utan i hans inre kvaliteter – hans hjärta, hans humor, hans omtanke och hans förmåga att vara en bra vän. Om du vill att din son ska utveckla en stark och positiv självbild, är det viktigt att du som pappa lär honom att hans inre värden är det som verkligen betyder något. Hitta tid att ge honom komplimanger som handlar om hans personlighet, inte bara hans utseende eller prestationer. På så sätt hjälper du honom att bygga ett starkt självförtroende som inte är beroende av externa faktorer.

Förmedla att det inte finns någon "perfekt man"

En annan viktig sak att prata om är att det inte finns något som heter en "perfekt man". I dagens samhälle finns det många förväntningar på hur en man ska se ut, bete sig och prestera. Det kan vara

lätt för din son att känna att han måste leva upp
till dessa förväntningar för att vara "tillräcklig".
Som pappa är det din uppgift att påminna honom
om att det inte finns något absolut ideal för hur en
man ska vara. Det viktigaste är att vara sann mot
sig själv, att vara autentisk och att följa sina egna
värderingar. Uppmuntra honom att vara den bästa
versionen av sig själv, inte den bästa versionen av
någon annan.

Sociala medier kan vara en fantastisk resurs, men
det är viktigt att använda dem medvetet och
kritiskt. Genom att prata öppet med våra barn,
lära dem källkritik och hjälpa dem att bygga en
stark självkänsla kan vi minska de negativa
effekterna och främja en hälsosam digital miljö

Läs mer om forskningen kring:

Sociala medier och psykisk hälsa

Fournier, K., & Lalonde, R. (2020). *Social Media Use and Adolescent Mental Health: A Systematic Review.* Journal of Youth and Adolescence.

Denna studie granskar hur användning av sociala medier påverkar ungdomars psykiska hälsa och betonar både negativa och positiva effekter.

Kroppsuppfattning och sociala medier

Tiggemann, M., & Slater, A. (2014). *NetGirls: The Internet, Facebook, and Body Image Concern in Adolescent Girls.* International Journal of Eating Disorders.

Denna forskning belyser hur sociala medier och särskilt Facebook påverkar kroppsideal och självbild hos tonåriga flickor.

Sociala medier och ätstörningar

Levine, M. P., & Murnen, S. K. (2009). *"Everybody Knows That Mass Media Are/Are Not [Pick One] a Cause of Eating Disorders": A Critical Review of the Evidence for a Causal Link Between Media, Negative Body Image, and Disordered Eating in Females.* Journal of Social and Clinical Psychology.

Denna artikel diskuterar hur medier, inklusive sociala medier, bidrar till utvecklingen av ätstörningar genom att främja orealistiska kroppsideal.

Källkritik och sociala medier

Pennycook, G., & Rand, D. G. (2018). *Fighting misinformation on social media using crowdsourcing.* Science.

Denna studie undersöker metoder för att identifiera och bekämpa desinformation på sociala medier, vilket är en viktig färdighet i dagens digitala samhälle.

Sociala medier och mental hälsa i Sverige

Statens medieråd (2020). *Ungar och medier 2020.* Statens medieråd.

Rapporten från Statens medieråd ger en översikt

av ungdomars användning av sociala medier i
Sverige och de

Skärmtid och hälsa

Twenge, J. M., & Campbell, W. K. (2018). *Associations between screen time and lower psychological well-being among children and adolescents: Evidence from a national survey.* Preventive Medicine.

Denna artikel utforskar sambandet mellan skärmtid och negativ påverkan på den psykiska hälsan hos barn och tonåringar.

Att vara förälder till en tonåring är som att befinna sig i en aldrig sinande cirkus där du varken är clownen, cirkusdirektören eller akrobaten, men likväl förväntas jonglera tusen saker samtidigt. Och mitt i detta kaos dyker det upp ett nytt mysterium: tonåringens klädstil. Ena dagen är de street fashion-genier, nästa dag ser de ut som om de fått kläderna slumpmässigt utdelade ur en välfylld sopsäck.Vad som tidigare var en smidig påklädning bestående av söta barntröjor och praktiska byxor har nu förvandlats till en kamp där modeinfluenser från TikTok, Instagram och någon obskyr japansk subkultur styr vad som anses bärbart. Du som förälder kan bara stå vid sidan och titta på när din dotter går ut i något som mest liknar ett avancerat nattlinne, medan din son bär en hoodie så stor att han skulle kunna hysa en mindre koloni därunder. Mode är inte längre bara kläder – det är en identitet, en protest och ett socialt experiment allt i ett.

En nostalgitripp till våra egna stilmissar

För att kunna hantera detta spektakel utan att få hjärtklappning bör vi ta en titt i backspegeln. Kommer du ihåg dina egna tonårsdagar? Om du var tonåring på 80-talet bar du förmodligen axelvaddar stora nog att kunna dubbeljobba som flytkuddar. 90-talet? Foppatofflor fanns inte än, men byxor med någon obegriplig dragsko och ett evigt lager av magtröjor var ett måste. 00-talet? Glittriga jeans och ett bälte som var så tunt att det lika gärna kunde ha varit ett snöre. Vi kan alla enas om att vi inte var modeikoner. Men vi trodde det. Och vi skulle ha dött lite inombords om någon sa: "Det där kan du inte ha på dig!" Samma sak gäller våra tonåringar idag. Oavsett om de går runt i slitna jeans som ser ut som om de blivit attackerade av en flock arga katter, eller om de envisas med att ha på sig en tre storlekar för liten tröja, så är det deras sätt att utforska vem de är.

Hur vi kan navigera i modeträsket

Vi kan inte hindra dem från att experimentera med kläder, men vi kan hitta ett par knep för att göra resan lite mindre smärtsam. Om din tonåring vill ha en rosa cowboyhatt till skolan, låt dem. Om de vill gå i shorts så korta att de knappt är shorts, kanske en diskussion behövs. Det handlar om balans.

Du kan inte vinna "det här är opraktiskt"-argumentet. De går hellre i sneakers med hål i sulan än att erkänna att du hade rätt. Men du kan subtilt få dem att inse det själva genom att fråga "Hur går det där i regnet?" och sedan låta dem hantera konsekvenserna själva. Du kanske inte kan ändra deras klädval, men du kan hjälpa dem att inse när något inte är praktiskt – utan att få dem att känna sig förödmjukade.

När det gäller mode och tonåringar är det viktigt att vi som föräldrar inte glömmer att vi själva var där en gång. Vi kanske inte vill erkänna det, men vi var också ungdomar som ville uttrycka oss genom kläder och stilar som kanske inte alltid var de mest praktiska eller smakfulla – och det är okej.

För många tonåringar är mode ett sätt att visa vem de är och vad de tycker om, och det är viktigt att vi lyssnar på dem och deras behov.

Lyssna på deras behov och uttryck
Det handlar inte om att kontrollera eller diktera vad ditt barn ska ha på sig. Det handlar om att hitta en balans mellan att ge dem utrymme att uttrycka sig själva och att säkerställa att deras kläder inte sätter deras hälsa på spel. Kläder kan ibland vara ett uttryck för självständighet, men vi vill också vara försiktiga med att inte uppmuntra till kläder som kan orsaka praktiska problem, som exempelvis urinvägsinfektioner. Det handlar inte om att styra valet av stil, utan om att vara medveten om hälsan, som att välja kläder som faktiskt är bekväma och passar för det väder som råder. Det är också viktigt att komma ihåg att modet ständigt förändras, och vi kanske inte alltid förstår eller håller med om de val våra barn gör. Men i slutändan är det deras kroppar, och de har rätt att välja vad de vill ha på sig. Det kan vara frustrerande att se dem klä sig på sätt vi inte skulle välja själva, men om det inte innebär något farligt eller skadligt, som exempelvis extrema symboler med farliga budskap eller kläder som riskerar att sätta deras fysiska eller psykiska hälsa på spel, så är det deras val.

Förklara faran med extrema symboler

Det är också viktigt att vi pratar med våra barn om varför vissa symboler eller kläder kan vara problematiska och till och med farliga, utan att skuldbelägga eller döma. Om ditt barn vill bära något som du anser vara olämpligt, som till exempel kläder med extrema eller farliga symboler, är det viktigt att förklara varför detta kan utsätta dem för fara. Det handlar om att vara ärlig och respektfull i samtalen, så att de förstår konsekvenserna utan att känna sig förödmjukade. Tveka inte att dra upp konsekvenserna av symboler som svastikan eller liknande.

Din tonåring kanske anser att de har rätt att bära vad de vill, men här är det viktigt att du sätter gränser. När det kommer till extremistiska symboler sätter jag som förälder gränsen i mitt föräldraskap. I det stora hela har de rätt att välja sina kläder, men för mig handlar det om att skydda mitt barns integritet och värdighet.

Så, även om vi kanske inte alltid förstår eller håller med om våra barns modeval, kan vi vara de trygga ledarna som vägleder dem genom det komplexa landskapet av tonårsidentitet och klädval. Vi var där en gång, och genom att vara öppna, lyssnande och respektfulla, kan vi hjälpa våra barn att navigera i modets värld – med både frihet och ansvar.

Strategier för gränssättning

1. **Förhandsförhandling** Ha en diskussion innan det blir akut. Det är alltid bättre att prata om regler kring kläder, tatueringar och piercingar innan din tonåring plötsligt dyker upp i matsalen med blått hår och en nosring. Om du har en tydlig plan och kan förklara varför du tycker som du gör, minskar risken för utbrott.

2. **Låt konsekvenser tala sitt tydliga språk** I stället för att bara säga "nej", prata om konsekvenser. Vill de ha en tatuering av sin favorit-animefigur på vaden? Förklara att det kanske inte känns lika coolt när de är 30 och gifter sig i en ärmlös klänning. Vill de ha tungpiercing? Javisst, men då får de öva på att säga "tack för maten" med en kula i munnen först.

3. **Använd humor som vapen** Humor kan avdramatisera det mesta. Om ditt barn envisas med att ha trasiga jeans, fråga glatt om de vill ha en rulle silvertejp för att hålla ihop de sista bitarna. Om de insisterar på att ha magtröja mitt i vintern, erbjud dem en termos med varm choklad och ett extra par sockor. Chansen är stor att de får sig ett gott skratt och kanske tänker ett varv extra.

4. **Gör vissa saker till tidsfrågor** Istället för att säga
    "aldrig", sätt en tidsgräns. "Du kan gärna färga
    håret blått, men vi väntar tills efter skolfotot."
    Eller: "Tatuering? Absolut! Men om du
    fortfarande vill ha exakt samma motiv om två
    år, då tar vi en ny diskussion." Detta ger
    tonåringen känslan av att du lyssnar, men att
    vissa beslut behöver mogna.

5. **Välj dina strider** Om allt blir en konflikt, kommer
    ditt nej inte att ha någon tyngd längre. Bestäm
    vilka gränser som verkligen betyder något för
    dig och var flexibel med resten. Om din
    tonåring vill ha nätstrumpbyxor som byxor,
    kanske du kan släppa det, så länge de är
    varma nog. Men om de föreslår att tatuera in
    sin favorit-Youtubers namn på underarmen,
    då kan det vara värt att stå på sig.

Kom ihåg att det viktigaste är att behålla
kommunikationen och respekten mellan dig och
din tonåring. De testar gränser för att det är deras
jobb att göra det. Ditt jobb är att visa att du finns
där, att du bryr dig och att du vågar vara den
vuxna i rummet.

KAPITEL 18:
FÖRHANDLINGSTEKNIK I KLASS MED FN:S SKARPASTE

Ah, maktkampen – föräldraskapets oskrivna olympiad. Att förhandla med en tonåring är som att spela schack med en duva: oavsett hur strategisk du är, så kommer de att flaxa omkring, riva ner pjäserna och sedan se nöjda ut ändå. Men lugn, du är inte chanslös. Här kommer några beprövade och humoristiska tekniker som kan hjälpa dig att förvandla dagliga konflikter till konstruktiva förhandlingar.

1. "Vad är ditt förslag?"-tekniken – ge dem ansvaret

Om din tonåring föreslår något som verkar orimligt (till exempel att slippa städa sitt rum till 2032), lägg tillbaka bollen i deras händer:
"Okej, jag hör vad du säger. Vad skulle du själv föreslå som en rimlig kompromiss?"
Detta tvingar dem att tänka i problemlösningstermer och tar bort "du mot mig"-känslan. Dessutom förvandlas de från motståndare till medspelare – och vem vet, ibland kanske de faktiskt får till en vettig kompromiss!

2. "Om vi gör en deal..." – byteshandel i vardagen

Tonåringar fungerar ofta enligt principen "what's in it for me?". Istället för att bara kommendera kan du få dem att själva vilja något genom smart byteshandel: *"Om du tar hand om disken i veckan, kan vi snacka om extra skärmtid till helgen."* Detta lär dem att allt i livet är en kompromiss – och dessutom får du en ren diskbänk på köpet.

3. Spela deras spel – "Familjen AB"-strategin

Om din tonåring börjar låta som en fackföreningsadvokat när de ifrågasätter hushållssysslor, möt dem på deras planhalva:
"Okej, vi driver ett hushåll tillsammans. I Familjen AB bidrar alla anställda. Vill du omförhandla ditt kontrakt? Lämna in en skriftlig ansökan, så går vi igenom det på nästa familjeråd."
De kanske suckar, men innerst inne inser de att du är ett steg före.

4. Humor är ditt hemliga vapen

Humor kan oskadliggöra de flesta situationer. Istället för att rulla igång ett trätt gräl om att de måste ta ut soporna, prova detta:
"Jaha, så du tycker vi ska starta ett ekologiskt sopreservat i hallen? Intressant koncept. Tror du kommunen godkänner det?"
Ofta funkar det bättre att avdramatisera genom humor än att hamna i tjafs.

5. "Värdigheten först"-principen

En tonåring som känner sig respekterad är mer benägen att lyssna. Så försök att inte låta förhandlingar urarta till en kamp där de känner sig förminskade. Istället för att säga:
"Du måste göra läxorna NU!"
Testa:
"Jag vet att du vill bli klar snabbt, men hur tror du det funkar bäst? Vill du plugga nu och vara fri senare, eller göra det i steg?"

De får känna sig delaktiga i beslutet, vilket ofta leder till större samarbetsvilja.

6. "Om du klagar förlänger vi diskussionen"-tricket

Om tjafset aldrig tar slut, sätt en rolig men effektiv gräns: *"Varje gång du klagar, förlänger vi den här diskussionen med 10 minuter. Vill du verkligen ägna hela kvällen åt detta?"* Det brukar få dem att inse att de slösar mer energi än vad som är värt det.

7. Förhandlingsfonden – gör det till en spelifierad utmaning

Sätt upp ett belöningssystem där insatser ger utdelning. Om de gör sysslor utan att tjata får de "poäng" som kan lösas in mot förmåner som extra skärmtid, en filmkväll eller en middag de får välja. Detta gör vardagen till en utmaning istället för en konstant förhandling om "Vad får jag om jag gör det?".

Kampen är en del av resan

Kom ihåg att dessa förhandlingar inte bara handlar om smutsiga strumpor på golvet eller huruvida diskhon ska lämnas som en modern konstinstallation av intorkade flingor. Det är också en del av deras väg till vuxenlivet.

Genom att ge dem utrymme att förhandla (inom

rimliga gränser) lär du dem att tänka kritiskt, hitta
lösningar och ta ansvar – färdigheter de kommer
att ha nytta av långt efter att de flyttat hemifrån.
Och en dag, kanske många år från nu, kommer de
att tacka dig. Troligen inte högt, men i tysthet, när
de själva står i en förhandling med sin egen
tonåring. Tills dess – håll humorn uppe och
förhandla som en mästare!

KAPITEL 19:
KUL?

Är semester verkligen kul med tonåringar?
Familjesemestern – det ultimata testet av
föräldrars tålamod, förhandlingsförmåga och
fysiska uthållighet. Minns du de dagar då semester
betydde enkla äventyr, sandiga barn som fnissade
lyckligt och smältande glassar i solen? Japp, det
var innan du hade tonåringar.
Nu handlar det snarare om avancerad diplomati,
detaljplanering som skulle göra en
försvarsminister stolt och en emotionell
bergochdalbana som får dig att fråga: "Varför
gjorde vi det här igen?" Men låt oss dyka ner i
detta ämne och hitta de bästa strategierna för att
överleva – och kanske till och med njuta av –
semester med tonåringar.

1. Den stora PACKNINGEN

Minns du när du kunde packa på femton minuter
och ge dig av? Det kan du glömma.
Nu påminner packningen mer om att förbereda en
polarexpedition. Det som en gång var en
välsorterad resväska har förvandlats till ett
släpvagnsprojekt fullt av laddningskablar,
favoritmjukisbyxorna och "men jag kanske
behöver mina tio olika sneakers"-logik.

Så får du ordning på packningskaoset:

- **Varje tonåring packar sin egen väska.** Och bär den själv! Om de vill ha med halva sin garderob får de också ansvara för att släpa den.

- **Använd packlistor.** Be dem skriva vad de behöver dag för dag, så minskar risken för att "jag glömde min laddare" leder till en internationell kris.

- **Låt dem försvara sin packning.** Behöver de verkligen tre par jeans? Om de kan argumentera för det och fortfarande få plats med resten – fine!

- **Håll upp!**
  När de anser sig vara klara med packningen får de lägga upp sakerna i vardagsrummet och du får deras lista. Du ropar ut varje sak ex. "-strumpor 4par" och tonåringen håller upp dessa 4 par. Gå vidare till nästa sak på listan.

- **Packa.**
  Nyttja VIÖÖP-metoden när det gäller att packa ner själva sakerna.

2. Är vi framme snart?

Det börjar vid den första rondellen: "Hur långt är det kvar?" och förstår de att det inte går fortare av att fråga? Nej, det här är en ritual, en prövning av din psykiska styrka.

Hur du gör transporten (något) mer uthärdlig:

Spelifiera det. Få dem att gissa hur lång tid olika sträckor tar. Den som gissar närmast får bestämma musiken en stund.

Sätt upp "snackstationer". Istället för att langa ut allt på en gång, håll en strategi för när vissa godsaker delas ut.

Kör "Om du frågar om vi är framme snart, förloras fem minuter av din skärmtid". Magi.

3. "Det här suger!"

Du har kommit fram! Men i stället för att ruska av sig resdammet och kasta sig i poolen, står din tonåring där med korslagda armar och suckar som om du precis förändrat deras DNA negativt.

Hur du hanterar semesterchocken:

- **Acceptera att de kommer klaga.** De är tonåringar. Det är deras jobb.

- **Låt dem få egen tid.** Om du tvingar dem att "vara med familjen" 24/7 blir de lika glada som en katt i en badbalja.

- **Få dem att ta ansvar.** Låt dem välja några aktiviteter själva. Vill de spendera en dag på en shoppinggata i stället för på en vacker strand? Låt dem. Så länge de deltar i något av ditt planerade program också.

4. Föräldrarnas överlevnadskit – SemesterStyle

Glöm inte att du också är på semester!
Här är vad du behöver för att överleva:

Din egen frizon. Balkongen, spaet eller ett tidigt morgondopp – skapa plats och tid för dig själv.

En bra bok. Om inget annat får du en mental flykt när barnen börjar gorma om WiFi.

En strategi för par-tid. Om du reser med din partner, se till att ni får någon middag ensamma.

Ett glas vin (eller två). Självförklarande.

5. Äkta flow

Här kommer sju förslag på hur du får semestern
att fungera på riktigt:

1. **Sänk förväntningarna** – Det blir INTE en
    Disneyfilm, men det kan bli kul ändå!
    Fokusera på de små stunderna istället för
    att jaga perfekta ögonblick.

2. **Lämna utrymme för spontanitet** – De bästa
    stunderna är ofta de som inte planerades.
    Låt resan flöda och öppna upp för
    oväntade äventyr.

3. **Förhandla, inte tvinga** – Om du vill att de ska
    följa med på en kulturell utflykt, erbjud
    dem en aktivitet de gillar efteråt. Balans
    mellan det roliga och det lärorika är
    nyckeln.

4. **Spara minnena** – Ta bilder, skriv ner roliga
    kommentarer och skratta åt det kaos som
    faktiskt blev riktigt bra till slut. Detta
    skapar minnen för hela familjen.

5. **Var flexibel med rutiner** – Även om du
    kanske brukar ha en strikt semesterrutin,

tillåt lite slapphet. Det kan vara den där
extra timmen vid poolen eller en spontant
köpt glass på gatan.

6. **Ha tålamod med små missöden** – Det kommer
    alltid att vara något som inte går som
    planerat. Kom ihåg att inget är perfekt,
    och ibland kan de största skrattstormarna
    komma från små katastrofer.

7. **Involvera alla i planeringen** – Låt alla vara
    med och bestämma några av
    aktiviteterna, så alla känner sig delaktiga.
    Det gör att alla känner ett större ansvar
    och kan få ut mer av semestern.

8. **Var närvarande i nuet** – Lägg bort telefonen
    och ta in ögonblicket istället för att
    ständigt försöka dokumentera det. Det är
    de här minnena, de spontana och
    oförutsedda, som verkligen betyder något.

9. **Uppmuntra till familjetid utan teknik** – Ha
    åtminstone en teknikkväll eller ett par
    timmar om dagen utan telefoner eller
    skärmar. Det ger er tid att prata, spela spel
    och verkligen umgås utan distraktioner.

KAPITEL 20:
BOR DU ENS HÄR?

Att vara tonårsförälder är som en berg-och-
dalbana som aldrig stannar – med känslomässiga
toppar som får en att sväva och dalar som gör att
man vill hålla i sig för livet. Mellan
humörsvängningar, träningar och förhandlingar
som känns som doktorsexamen i konflikthantering
är det lätt att glömma bort den personen som var
där från början: din partner. I mitt i tonårsdramat
är det viktigt att komma ihåg att ni är ett team.
Personen du en gång drömde om att ta sena
drinkar och helgutflykter med är fortfarande där,
även om de nu är täckta av tvätt och
idrottsväskor. Utmaningen är att hitta tid för
varandra i kaoset. Livet med tonåringar är som en
cirkus, och ibland känns det som att ni är på olika
planeter. Skolprojekt, fritidsaktiviteter och
tonårsutbrott är en daglig utmaning. Men din
partner är mer än en medförälder; de är din livlina.
De är den enda som verkligen förstår kaoset –
vem annars har sett tonåringen bli besatt av 90-
talsboyband eller lagt märke till timmarna framför
tv-spelet? Ni går igenom allt detta tillsammans, så
det är viktigt att hitta tillbaka till varandra och
hitta glädje mitt i galenskapen. Att vara föräldrar
är en utmaning, men att vara ett par i detta är en
balansakt som kräver tålamod och tid för
varandra.

Överleva hormonstormarna tillsammans

Tonårsdramat handlar ofta om att hålla enad front. När hormonstormarna drar in, se till att ni är på samma sida. Det gör det inte bara lättare att hantera konflikter, utan visar också era barn att ni är ett team.

Diskutera hur ni vill hantera olika situationer i förväg, så att ni svarar konsekvent. När ni kan lita på varandra i dessa stunder stärker det inte bara er relation, utan gör också stormarna lättare att navigera.

Förvandlingen från pre-barn till post-tonår

Låt oss tala klarspråk. Din kropp har förändrats sedan tiden innan barn. Åren av att bära, mata och jaga små människor – och hantera de kaos de lämnar efter sig – har satt sina spår. Vad som en gång var stramt, fast och spänstigt kan nu vara lite mjukare, rundare och, tja, *levt*. Och det är helt okej! Kroppen som burit dig genom föräldraskapets alla år har rätt att se ut som den gör. Men det är inte bara kroppen som förändras – ditt sinne gör det också. Sex, som en gång kanske var allt du kunde tänka på, blir något som måste klämmas in mellan föräldramöten, fotbollsträningar och de sällsynta tillfällena när tonåringarna är ute ur huset samtidigt.

Det är svårt att känna sig sexig när man precis medlat i syskonbråk, fått en dödsblick av sin 16-åring för något trivialt eller försökt hantera att ABBA plötsligt spelas på maxvolym i tonårsprotest.

146

När du väl når sängen kan tanken på en tupplur kännas som den hetaste idén på hela dagen. Men här är grejen: sexuell lust förändras och fördjupas. Det fysiska behovet utvecklas till ett sug efter närhet och samhörighet – den typ av band som bara kommer från att ha kämpat sida vid sida genom livet. Ibland är det att somna hand i hand allt ni behöver. Och andra gånger? Tja, då kan ni känna den där gnistan igen och tänka: *Nu kör vi!*

Men... integritet? Vad är det ens?

Minns ni tiden före barn? När intimitet var spontant, passionerat och inte krävde en detaljerad planering värdig en hemlig militärinsats?

Att vara tonårsförälder är som att vara med i ett ständigt pågående cirkusnummer där ingen säger när föreställningen är över. Barnen går inte och lägger sig, de hör inte av sig när de ska hem, och när du äntligen tror att du kan få lite tid för er två, så börjar en ny runda av "vem lånade mina hörlurar?" eller "varför ligger din tandborste i hallen?". Och här står ni, mitt i detta virrvarr av förlorade nycklar, tvättberg, snacks som ligger gömda i skåpen, och den där totala bristen på egentid, och du försöker minnas den där gnistan, den där magiska känslan som fick er att faller pladask för varandra i början.

Och ja, ni kanske drömmer om att vara de där unga, glittrande paren som hade tid för spontana middagar, nattliga samtal om allt mellan himmel och jord, eller den där hemliga skrattattacken som ni inte kan låta bli att minnas. Men nu? Nu är det mer som en vecka där ni försöker hitta ett ögonblick att andas och glömmer att äta middag innan barnen har hunnit lägga beslag på hela köket. Det är lätt att känna sig som om romantik är något som var förbehållet livet före barn. Men här är det lilla knepet – att få tillbaka den där glöden, inte genom att jaga stora romantiska gester, utan genom de små, tysta ögonblicken som egentligen betyder allt.

Så, hur gör man då för att hålla elden vid liv när barnen är överallt och den enda egentiden verkar vara när man står på toa och hör dörrar smälla i huset? Här kommer några nycklar till att hitta tillbaka till varandra – utan att behöva smyga iväg för en romantisk weekend (för det är som att tala om en semester på Mars när ens barn är i den åldern).

1. Återupptäck det lilla i vardagen

Ni kanske inte har tid att gå på den där dejten som var en självklarhet för några år sedan, men vad om ni istället återupptäcker de där små sakerna som en gång fick er att falla för varandra? Kanske var det den där enkla middagen, när ni släppte alla måsten och bara fokuserade på att laga mat tillsammans – utan att någon sprang in i köket för att fråga om de får spela på telefonen eller var någon är på väg. Kom ihåg de där små detaljerna som ni gjorde för varandra, och fundera på hur ni kan införa dem igen i er hektiska vardag.

Men även om ni har fullt upp kan ni fortfarande skapa små ögonblick tillsammans, som att stjäla en kort stund för att dricka en kopp kaffe ihop när ni äntligen får en paus. Det handlar inte om de stora gesterna – det handlar om att ge varandra små, men betydelsefulla, signaler om att ni fortfarande ser varandra, trots att livet rullar på i full fart.

2. Lämna kärlekshälsningar på oväntade ställen

Nu pratar vi om en liten hemlighet som verkligen kan göra underverk. När tiden är knapp och ni knappt ser varandra mellan alla måsten, kan ni skriva små kärlekshälsningar till varandra på oväntade ställen. Tänk på en lapp i fickan som någon hittar när de är på väg till sitt nästa äventyr, ett snabbt sms innan ni båda går till jobbet, eller till och med en lapp under kudden som ger er en stunds "aha"-moment mitt i en annars hektisk dag.

Det är faktiskt de där lapparna, med små meddelanden som påminner om de ögonblick ni en gång delade, som kan hålla glöden vid liv. De kanske inte gör underverk på en gång, men de skapar en känsla av att ni fortfarande är i samma team, att ni fortfarande tänker på varandra, och att ni inte har glömt bort varför ni en gång började den här galna resan tillsammans. Och det, mina vänner, är kanske den största hemligheten till att

hålla relationen levande i denna hektiska föräldra-
värld.
Här är några användbara kodord för
lappskrivandet:

- Göra en high-five med hela kroppen
- Ha lite roligt på lagret
- Köra tvättmaskinen på intensivprogrammet
- Bygga en koja av kärlek
- Plantera tulpaner i kärlekens trädgård
- Dela en stund av passion
- Dansa mellan lakanen
- Bli ett med varandra
- Utforska varandras själar och kroppar
- Baka en kärlekstårta
- Fika på kärlekens café
- Parkera bilen i kärlekens garage

3. Sätt tid för varandra – även om det är små stunder
Jag vet, jag vet – det känns som en omöjlig
uppgift att hitta tid för varandra när barnen aldrig
går till sängs och livet är en ständig kamp om tid.
Men ibland handlar det inte om att hitta flera
timmar, utan om att ta de små, förlorade
ögonblicken som ni har mellan måsten. Det kan
vara när ni båda är hemma och ni inte har annat
för er än att kanske byta några ord över disken
medan barnen ser på TV. Eller när ni hittar en
stund på kvällen där ni kan prata om något annat
än läxor, skjuts till träningar eller den senaste
katastrofen som inträffade i tvättstugan.

Boka en dejtkväll (eller bara en promenad runt kvarteret)

Ett enkelt men effektivt sätt att prioritera din partner är att boka regelbundna dejtkvällar. Och nej, det behöver inte vara något storslaget. Faktum är att de bästa stunderna ofta är de enklaste. En snabb promenad efter middagen kan göra underverk. Ni får andas ut, klaga över den senaste tonårsdiskussionen och bara vara tillsammans utan vardagens alla störningar. Dejtkväll behöver inte innebära flotta middagar eller avancerade utflykter. Det kan vara så enkelt som att dela en kopp kaffe i soffan när barnen har gått och lagt sig. Eller varför inte förvandla vardagsrummet till en mysig tillflyktsort med popcorn och en film ni båda gillar?
Prata om när ni först träffades, eller dela skratt över barnens senaste pinsamma upptåg som när ert barn försökte färga håret och slutade upp som en vandrande trafikkon – se det som en seger.

4. Fira de små vinsterna tillsammans

När livet är fullt av kaos, är det lätt att känna att inget riktigt blir gjort. Men vet du vad? Ni överlever. Och ibland är det den största segern. Så varför inte fira små vinster? Klarade ni av att äta middag utan att någon tvingades gå till sitt rum för att undvika ett bråk? Grattis! Fira det. Fick ni en stund för att bara vara tillsammans, även om det var fem minuter när ingen av barnen behövde er? Fira det också!

Det handlar inte om att förlora sig i någon form av grandiosa romantik – ibland är de där små, men viktiga, momenten mellan er två som är de mest betydelsefulla. Och när ni börjar uppskatta de små vinsterna, kommer ni sakta men säkert börja hitta tillbaka till varandra, för det handlar inte bara om de stora gesterna – utan om de små vardagliga sakerna.

5. Ha tålamod och humor – massor av humor!

När allt känns som för mycket, och romantiken verkar vara ett avlägset minne, påminn er själva om att ha tålamod. Och här kommer hemligheten: humor! Föräldrar behöver kunna skratta åt sig själva och kaoset omkring er. Humor gör det lättare att hitta tillbaka till varandra, även när ni har fullt upp med att rädda världen, en förlorad strumpa i taget. Skicka memes som speglar er senaste föräldrautmaning eller berätta om den där episoden när din tonåring skrek "Jag hatar dig!" (spoiler: det är bara en fas). Att skratta åt dessa ögonblick lättar på stämningen och påminner er om att ni inte är ensamma i detta. Så när barnen är överallt och världen känns som den snurrar snabbare än ni kan hänga med, kom ihåg: Det är okej att inte vara romantiska på samma sätt som tidigare. Men med humor, små gester och vetskapen om att ni fortfarande är ett team, kommer ni att hålla glöden vid liv – på ert sätt och i er egen takt. Och det, kära ni, är mer än nog.

KAPITEL 21:
BYGG DIN MAMMA/PAPPAKLAN

Steg ett: Identifiera dina allierade

Att vara förälder till en tonåring är som att vara general i ett krig du aldrig riktigt förstod att du anmälde dig till. Ena sekunden är du hjälten, den första de ringer när de glömt sitt gympakit, och nästa sekund är du den värsta människan i deras liv bara för att du andades fel vid middagsbordet. Det är just därför du behöver en Mammaklan (eller Pappaklan, för all del). Men hur hittar du ditt gäng?

Skolans parkering: Du vet, där ni alla står som trötta krigare och stirrar tomt ut i luften medan barnen vägrar lämna sina mobilskärmar.

Fotbolls- eller innebandylaget: Ni som förbannar er själva för att ni återigen gick med på att köra till bortamatcher i en annan del av landet.

Arbetsplatsen: Kollegan som säger "Oj, vad trött du ser ut! Hade du också en diskussion om huruvida klockan 23:45 är en rimlig tid att börja baka en kladdkaka?"

Grannen: Hen som vinkar glatt trots att hen har hört dig gorma "JAG ÄR INTE DIN TAXI!" minst tre gånger denna vecka.

Sök igenkänning, inte perfektion
Det viktigaste är att din Mammaklan består av
föräldrar som förstår kaoset – inte försöker
förneka det. Ingen behöver vänner som låtsas att
de har perfekta barn som *frivilligt* gör sina läxor
och aldrig ifrågasätter hushållsarbetets fördelning.

Nej, du behöver vänner som:

- Också har hittat en tvätthög som med lätthet
  misstogs för familjens katt med magsjuka.

- Har googlat "är det normalt att tonåringar
  sover 16 timmar per dygn?"

- Utan att fråga delar med sig av det lavavarma
  och lika starka kaffet ur deras termos vid
  fotbollsmatcen.

  Humor är er superkraft
  Det finns inget som räddar en dag fylld av sura
  tonåringar som en Mammaklan full av vass
  humor och delade missöden.

- **Meme-kunskap är makt.** Skicka en gif på en trött
  hund varje gång någon i gruppen behöver
  känslomässigt stöd.

- **Våga dela kaoset.** En bild på ditt kök efter att tonåringen "fixat eget mellis"? Sänd den direkt med texten "Förmodligen en brottsplats" och se hur resten av gruppen svarar med sina egna katastrofscenarion.

Vad din Mammaklan faktiskt gör för dig

Det här handlar inte bara om gnäll och memes (men mest). En bra Mammaklan erbjuder:

- **Praktisk hjälp.** "Någon som kan skjutsa?" "Japp, om du tar nästa omgång!"

- **Livsråd.** "Ska jag låta min tonåring färga håret grönt?" "Min gjorde det – det bleknade till en sällsynt sjukhusgrön färg efter två veckor."

- **Emotionellt stöd.** "Idag var hemsk." "Samma här. Skål, vi kämpar på."

När Mammaklanen blir din räddningslina

Det finns dagar då du verkligen behöver någon som bekräftar att du *inte* är den enda som lever med ett barn som plötsligt verkar ha utvecklat allergi mot artighet.

Tonåringen: "VARFÖR MÅSTE DU ALLTID GÖRA
ALLT SÅ JOBBIGT?!"
Du: "Jag väckte dig."
Mammaklanen: "Klassiskt. Du får 10 av 10 för
ninjaföräldraskap."

Hur ni kan stärka banden bortom chatten

* **Kaffedejter med extra skvaller.** "Berätta om den
  där gången ditt barn sa att du är 'så cringe'
  medan de själva dansade offentligt till TikTok-
  trender."

* **Kreativa aktiviteter.** "Vi startar en bokklubb! (Där
  vi bara pratar om boken i 10 minuter och
  resten är vin och ventilering.)"

* **Semesteröverlevnad.** "Alla barn samlas här, vi
  tar dem på utflykt – och ni tar nästa omgång!"

Kom ihåg att ni gör ett jäkligt bra jobb
När tonåringen slänger igen dörren för tredje
gången på en timme och du känner dig som
världens sämsta förälder, skriv till din Mammaklan.
Svar som "Samma här. Vi klarar det!" kommer
göra allt lite enklare.

Skratta ÅT dina barn. Inte med dem.

Att skratta åt sina barn är en underskattad men livsnödvändig del av föräldraskapet. Nej, vi pratar inte om hånskratt eller elakt pekande – vi pratar om det där befriande gapskrattet som uppstår när ens barn beter sig som små, ologiska, dramatiska varelser som gör livet till en surrealistisk sitcom. Att skratta åt dem är inte bara en överlevnadsstrategi – det är en vetenskapligt beprövad metod för att bevara sin mentala hälsa. Låt oss börja med de rena, medicinska fördelarna. När du skrattar frisätts en cocktail av endorfiner, kroppens egna feel-good-hormoner. Dessa fungerar som naturliga smärtstillande och stressdämpande medel, och de kan faktiskt sänka blodtrycket. Dessutom ökar skratt syreupptaget, vilket i sin tur gör att hjärnan fungerar bättre. Och låt oss vara ärliga – när du har en tonåring hemma behöver du varenda hjärncell du kan få. Studier har visat att skratt också stärker immunförsvaret. Så nästa gång din unge kommer hem med en skolkatalogsfrisyr som skulle få 90-talet att vrida sig i plågor – skratta. Det är inte bara välförtjänt, det är en hälsoinvestering.

Föräldraskap är en emotionell berg- och dalbana, där irritation, frustration och en lätt känsla av uppgivenhet ofta slåss om uppmärksamheten. Att skratta åt sina barn är en ventil. Det är sättet vi hanterar de absurda, oförklarliga och rent av idiotiska situationer vi hamnar i. När ditt barn till exempel:

- Får en mental härdsmälta för att du andades
  på ett sätt som var "irriterande"

- Kommer hem och har skrivit sitt namn med
  bläckpenna på en vit soffa "bara för att se vad
  som händer"

- Står framför dig och ylar att de "inte hittar"
  något som ligger exakt framför deras ansikte

... då är skratt ditt vapen. Det är antingen det eller
att förvandlas till en ilsket mumlande, smått galen
version av dig själv.

Att Skratta Tillsammans Med Sin Föräldraklan
Det är en sak att skratta åt sitt barn i sin
ensamhet, men en annan sak att göra det
tillsammans med andra föräldrar. Det finns få
saker så läkande som att dela en historia om sitt
barns senaste idiotiska påhitt och mötas av
gapskratt och igenkännande nickar.
Din mamma, din pappa, dina vänner som också
har barn – detta är ditt supportnätverk. De är de
enda som verkligen kan förstå vad du går igenom
och som kan bekräfta att nej, du är inte ensam om
att ha en avkomma som bestämt sig för att diska
sin telefon "för att den var smutsig".
Att skratta ihop med andra föräldrar skapar en
känsla av gemenskap, minskar stress och gör att

vi kan återvända till vårt föräldraskap med ny
energi och, viktigast av allt, en mindre vilja att
rymma hemifrån.

En Påminnelse Om Att Barn Är... Barn

Ibland fastnar vi i att försöka forma våra barn till
minivuxna, och vi glömmer att de är barn –
irrationella, kaotiska och bitvis ofattbart
inkompetenta på de mest vardagliga uppgifter. De
kan vara både genier och totala dårar på en och
samma dag. Att skratta åt dem påminner oss om
att de fortfarande är i en fas av sitt liv där de
testar gränser, försöker förstå världen och – ärligt
talat – ofta har lika lite koll som en katt i en
bokhylla. Så nästa gång din unge sätter sig fast i
en tröja de av någon anledning tagit på sig bak-
och-fram och sedan panikslaget hävdar att de är
"instängda" – skratta. Det är bra för både hjärtat
och själen. Och viktigast av allt – det håller oss alla
vid våra sinnens fulla bruk i den här vilda resan
som kallas föräldraskap.

(**OBS**! Det kan självklart också vara en Pappaklan.
Eller en Föräldraklan. Eller bara ett gäng som gillar
att överleva tonåringar tillsammans!)

KAPITEL 22:
EGENTID

Egentid. Ett uttryck som slängs runt så nonchalant, vanligtvis av folk som inte har tonåringar. Före barnen verkade konceptet med "egentid" så enkelt, eller hur? Det var något extra. Ett härligt bubbelbad med ljus, en spontan weekendresa, eller kanske bara en långsam brunch som inte involverade att skära någon annans mat i lagom stora bitar. Men nu, här står du, några tonåringar in i kaoset, och egentid har fått en helt ny betydelse. För, låt oss vara ärliga, när du uppfostrar barn – särskilt tonåringar som verkar ha som livsmål att testa ditt mentala motstånd – blir egentid mindre av en lyx och mer av en fråga om överlevnad. Du skämmer inte bort dig själv längre; du försöker hålla dig vid dina sinnens fulla bruk. Målet är inte längre att känna dig som en gudinna utan att klara dagen utan att helt förlora förståndet.

Så vad är egentligen egentid för en förälder till tonåringar? Är det en lugn måltid på Max Hamburgare (eller en fin-kaffe på Espresso House) helt för dig själv, där du njuter av lyxen att slippa dela dina pommes? Är det äntligen – *äntligen* – att få gå på toaletten ifred, kanske till och med låsa dörren för extra säkerhet, utan att någon ropar: "Mamma! Var är min laddare?!" genom nyckelhålet? Eller är det så enkelt som att hälla upp ett glas bubbel och njuta av det sällsynta, dyrbara ljudet av tystnad när huset för en gångs skull liknar ett bibliotek i stället för en krigszon?

Det är allt det där och mer, min vän. egentid för en förälder är vad som helst, *vad som helst*, som hjälper dig att känna att dagen inte var ett fullständigt fiasko. Så, om du fortfarande försöker lista ut vad egentid kan se ut som när ditt liv kretsar kring hormonstinna tonåringar, oroa dig inte. Jag är här för att hjälpa. Ta en kopp te (eller vin, jag dömer inte), slå dig ner och låt oss gå igenom några klassiska – och lite mindre traditionella – sätt att utöva egentid som förälder.

De klassiska knepen: Traditionella former av egentid
Låt oss börja med de självklara, de typer av egentid du säkert hört talas om men kanske inte har lyckats unna dig på ett tag. Det här är de praktiker som människor utan barn ofta rekommenderar med en käck, optimistisk ton – som om det är helt möjligt att klämma in dessa i din dag mellan ögonrullningar och akut läxhjälp.

Ett långt, ostört bad
Ah, det långa badet. En klassiker i egentidens hall of fame. Du fyller badkaret med hett vatten, tillsätter lite lyxigt badsalt eller en badbomb, tänder några ljus och sjunker ner i den ljuvliga värmen, låter vattnet lösa upp dina spända muskler. Låter som himlen, eller hur? Men om du är förälder vet du verkligheten. Du är precis på väg att sänka dig ner i badet, kroppen skriker efter avkoppling, när du hör en knackning på dörren. Det är din tonåring. "Mamma, var är mina [infoga

slumpmässigt förlorad sak här]?" Du suckar, redan medveten om att friden och tystnaden inte är i din framtid. Men de sällsynta gångerna när stjärnorna står rätt och din tonåring inte behöver dig på en halvtimme? Då är det värt det. Så sjunk ner som om ditt liv hänger på det (för på sätt och vis gör det det).

Motion

Motion är en sådan där grej vi alla vet att vi borde göra för vår mentala och fysiska hälsa, men efter en dag av att förhandla vapenvilor mellan syskon eller tyda tonåringens kryptiska enstaviga sms, vem har energi att gå till gymmet? Här är grejen – motion behöver inte vara plågsamt. Det behöver inte involvera squats, burpees eller ett löpband inställt på "spring som om du blir jagad av en björn." Ibland räcker det med en promenad runt kvarteret. Sätt på dig hörlurarna, spela din favoritmusik eller en podd, och gå. Det handlar inte om att komma i form; det handlar om att få lite frisk luft, rensa huvudet och ha 30 minuter där ingen kräver något av dig.

Dejt med din partner

Minns du när du och din partner faktiskt hade roligt? När ni kunde ha en hel konversation som inte handlade om barn, scheman eller vem som ska köpa mjölk? De dagarna behöver inte vara helt över. Dejtkvällar är avgörande. Oavsett om det är en middag ute eller en mysig kväll hemma med

takeaway och en film, är det en chans för dig och
din partner att knyta an. Och här är ett proffstips:
under dejtkvällen gäller regeln: inga diskussioner
om barnen. Det låter svårt, men tro mig, det går.

Det okonventionella: egentid för moderna föräldrar

Okej, nu dyker vi in i det riktigt viktiga. Traditionell
egentid är trevligt och all that jazz, men ibland är
det helt enkelt inte praktiskt när du balanserar
livet som tonårsförälder. Du behöver något lite
mer… kreativt. Här är några mindre konventionella
egentidsmetoder som kan göra underverk när du
är ett ögonblick från att förlora förståndet.

Flykten från Alcatraz: egenhandling!

Vem hade kunnat ana att den lokala mataffären
skulle bli en oas av frihet? Men när du har
tonåringar hemma blir varje ärende på egen hand
en ovärderlig chans till egentid. Glöm yogaresan
till Bali – det är på Ica Maxi kl. 20:00 som den
verkliga magin händer. Att gå omkring i affären i
egen takt, jämföra olika pastasorter och faktiskt få
tid att reflektera utan att någon drar i din ärm för
att be om något, är som en mini-vacation. Och här
finns också utrymme för små nöjen – att plocka åt
sig den där chokladkakan du vanligtvis säger nej
till eller prova på nya produkter utan att någon
ifrågasätter ditt val. Det känns nästan som en
rebellisk handling. Så nästa gång du planerar ett
litet kvällsärende, tänk på det som en mini-flykt.

Bilkaraoke: Terapins rock'n'roll

Vi vet alla att musik är som terapi, eller hur? Bilkaraoke är som terapi på steroider. Det är något befriande med att sjunga dina favoritlåtar på högsta volym när du är ensam i bilen. Det är bara du, ratten och din bästa Journey-imitation. När dörrarna stängs är vi alla ".Just a small town girl Livin' in a lonely world" Och det här handlar inte bara om att ha kul (även om det är viktigt). Sång frigör endorfiner, naturens sätt att säga åt dig att lugna ner dig. Nästa gång du känner dig överväldigad av en lång dag, hoppa in i bilen, sätt på din favoritlista och sjung för kung och fosterland.

Låsa in sig i badrummet (ja, på riktigt)

Vi har alla skämtat om att gömma oss i badrummet för en stunds frid, men ibland är det faktiskt inget skämt – det är en nödvändighet. Föreställ dig detta: Du har haft en lång, stressig dag, din tonåring är på dåligt humör (igen), och du känner att du närmar dig en gräns där det är svårt att hålla lugnet. Vad gör du? Jo, du smyger iväg och låser in dig i badrummet – en liten fristad för några minuter av andakt. Ta med dig telefonen, sätt på lugnande musik eller scrolla igenom memes. Vad som helst som hjälper dig att stänga ute kaoset och återställa ditt humör. Det är en enkel men effektiv metod för att ge dig själv en mental paus, där du kan samla dina tankar innan du återvänder till vardagens krav.

Att värna sin egen ork

Här kommer en radikal idé: att säga "nej." Som föräldrar, och särskilt som mammor, har vi ofta en tendens att säga ja till allt. Vi vill vara de bästa föräldrarna, hjälpa våra barn och hålla allt i ordning. Ibland går detta så långt att vi nästan glömmer bort oss själva. Men här är sanningen – du får säga nej. Faktum är att du måste göra det ibland.

Tonåringar, så mycket vi älskar dem, är som energitjuvar. De tar våra krafter, vår tid och vår energi tills vi känner oss helt uttömda. Därför är det så viktigt att sätta gränser – inte bara för deras skull, utan också för din egen skull. Det handlar inte om att vara hård eller ovillig att hjälpa. Det handlar om att skydda din egen ork, så att du kan vara där för dem när de verkligen behöver dig.
Egentid för föräldrar till tonåringar är inte en lyx, det är en nödvändighet. Att vara förälder till tonåringar är en tuff och utmanande uppgift, och du förtjänar en paus. Oavsett om det innebär att smyga in i badrummet för fem minuters lugn, skriksjunga i bilen eller njuta av en glass på Ica – gör det. Det finns inget rätt eller fel sätt att ta hand om sig själv. Det viktiga är att du gör något för att ladda dina batterier. För i slutändan är du viktig. För att orka med tonårens berg-och-dalbana måste du prioritera dig själv.

.

KAPITEL 23:
LÖÖÖÖÖV!

Ah, tonåringens kärleksintresse. Den bräckliga blandningen av hormoner, fjärilar i magen och smått obekväma samtal som vi föräldrar hoppades låg flera år framåt i tiden – men här är vi, och det bankar redan på dörren. Och apropå dörrar, låt oss ta itu med elefanten i rummet: dörren öppen eller stängd? För kära läsare, detta är inte en fråga att ta lättvindigt på.

Låt oss vara väldigt tydliga redan från början – jag har inga planer på att bli farmor eller mormor inom en överskådlig framtid. Inga alls. Noll. Jag älskar bebisar lika mycket som vem som helst, men inte när mina barn är de som ska uppfostra dem. Jag håller fortfarande på att återhämta mig från min egen erfarenhet av att ha småbarn, tack så mycket. Jag har vänner – underbara, trötta vänner – som är i trettioårsåldern med tonåringar på femton.

Och medan de gör ett fantastiskt jobb med att hantera tonårsangst och sina egna små försenade medelålderskriser, är jag inte det minsta sugen på att gå med i den klubben.

Så låt oss stoppa det här i sin linda, okej? Det händer inte här. Jag kommer göra det väldigt klart för mina tonåringar, deras kärlekar och vem som helst som kan tänkas vara inblandad. Jag har förlikat mig med tanken att jag inte kan vara den coola mamman i det här fallet. Jag tänker inte låta dem "lista ut det själva" eller tro att de automatiskt kommer fatta rätt beslut. Tonåringar är underbara, smarta och fulla av potential, men

ska vi vara ärliga – de är också emotionellt
instabila, impulsiva och styrda av hormoner.
 Och hormoner.....de små jävlarnas pålitlighet
ligger någonstans mellan aprilvädret och en
politisk debatt. Jag älskar mina barn, men jag litar
inte på deras hormoner. De är ursprungliga
kaosskaparna, och om det finns en sak jag lärt mig
är det denna: tonåringar + hormoner + stängd dörr
= trubbel.

Dörren – Värdighetens väktare

Dörren. Den där tråkiga träbiten som separerar oss
från vad som än händer på andra sidan. För den
oinvigde ser den bara ut som en vanlig husdetalj,
men i tonåringarnas romansvärld är dörren allt.
Den är den första försvarslinjen mot situationer
som kan spåra ur snabbare än du kan säga
"troskant".
Mina barn är kloka, kapabla och jag har uppfostrat
dem till att vara anständiga människor. Men här är
haken – detta handlar inte om tillit. Det handlar
om överlevnad. Hormoner bryr sig inte om tillit
eller ansvar. De är listiga små rackare som kan
förvandla en lugn pluggkväll till något ur en dålig
såpopera på en sekund.
Så vad händer när tonåringar lämnas ensamma i
ett rum med en stängd dörr? Det är som att hälla
bensin på en brasa och hoppas att det inte
exploderar. Jag säger inte att de kommer att göra
något galet direkt när dörren stängs, men låt oss
vara realistiska – saker händer när man är 16 och

hormonerna flödar snabbare än replikerna i en usel romantisk komedi.

En stängd dörr är en inbjudan till frestelse, och om det är något jag lärt mig under mina 49 år är det detta: ge inte frestelsen en inbjudan.

Så ja, dörren förblir öppen. Och om det krävs att jag personligen plockar av den gångjärnen och kastar ut den i förrådet, så gör jag det. Jag har en verktygslåda, och jag är inte rädd att använda den. Det finns trettioåringar i min vänskapskrets som har 15åriga barn. Just sayin.

Tonårsromans – Att navigera på slagfältet

Det är något både rörande och skrämmande med att se sitt barn bli kär för första gången. Det är som den emotionella motsvarigheten till att se dem försöka köra bil för första gången – en blandning av spänning, rädsla och ett tyst mantra av "Herregud, ta över ratten nu".

Tonårsromans är knepigt. Å ena sidan vill du uppmuntra dem att utforska relationer, att lära sig om kärlek, tillit och allt det där mysiga som gör livet lite rikare. Å andra sidan skulle du väldigt gärna vilja slippa hålla ännu en pinsam fågel-och-bina-föreläsning eller, ännu värre, behöva svara på frågor om preventivmedel när de knappt är redo för något mer avancerat än en hederlig kyss. Och ärligt talat, vad är fel med en hederlig kyss? Jag uppmuntrar det! Jag minns fortfarande min första kyss – magin, nervositeten, den besvärliga näskrocken. Det är en universell milstolpe, något vi

alla gått igenom och kan fnissa åt i efterhand.
Kyssar är oskyldiga, roliga och precis så långt
saker borde gå när man är tonåring. Det finns
ingen anledning att gå längre än så när man är 15
eller 16. Eller 18. Eller 21.

Att sätta gränser

Och här blir det jobbigt, eller hur? För tonåringar
är mästare på att tänja gränser. De är som små
advokater i träning, ständigt på jakt efter kryphål.
Ena dagen är det en förlängd utegångstid, nästa
dag är det: "Kan de inte sova över? Det är ju ändå
enklare." Ja, enklare för vem, exakt?
Som föräldrar är det vårt jobb att sätta gränser –
även när de gränserna gör oss till husets mest
hatade person. Jag har tappat räkningen på hur
många gånger jag har varit "den tråkiga
mamman". Men vet du vad? Gränser är inte till för
att vara populära, de är till för att hålla våra barn
säkra. Och även om våra tonåringar inte alltid
förstår att de behöver skyddas, gör vi det.
Så när det gäller relationer måste du vara tydlig.
Kristallklar. Min regel nummer ett? Dörren förblir
öppen. Alltid.
Jag fattar att tonåringar behöver sitt privatliv.
De behöver utrymme för att växa, experimentera,
göra misstag och lära sig av dem. Men det är en
skillnad på att ge sina barn utrymme och att ge
dem möjligheten att fatta livsomvälvande beslut
vid 16, bara för att du lät dem stänga dörren "den
där enda gången".

Du behöver inte agera diktator. Du behöver inte dra "inte under mitt tak"-kortet varje gång ett nytt kärleksintresse dyker upp. Men du måste sätta upp regler som är rimliga, tydliga och konsekventa. Dörren förblir öppen, inte för att du inte litar på dem, utan för att du vet vad som händer när dörren stängs. Du har själv varit tonåring en gång i tiden. Du minns hur det var att vara ung, stormande förälskad och övertygad om att det var världens mest episka kärlekshistoria.
Och vet du vad? Det var inte den episka kärlekshistorian. Det var en kort, förvirrande men rätt trevlig fas i livet – dock inte värd risken att bli förälder innan du ens vet hur man bokar en tandläkartid på egen hand.

Den coola föräldrafällan

Och nu, kära läsare, låt oss prata om den där välkända gropen som så många av oss föräldrar snubblar ner i: *den coola förälder*-fällan. Du vet precis vad jag menar. Föräldrarna som säger: "Hellre att de gör det hemma där jag kan hålla koll än i någon mörk skog eller på en parkbänk." Alltså, jag fattar tankegången – i teorin låter det ju rimligt. Bättre att de hånglar i soffan där du kan höra alltihop än att de sitter hoplimmade i baksätet på en bil, eller hur? Fel.
Här är problemet med att vara den där "coola" föräldern – det skickar fel signaler. Det är inte en "jag är trygg och öppen"-signal. Det är en inbjudan. En mental passersedel som viskar: "Oroa

er inte, kids. Det är fritt fram här." Och innan du vet ordet av sitter du där, med ett vardagsrum som förvandlats till något slags ungdomligt kärleksnäste, och du inser att du inte längre är förälder – du är facilitetsansvarig.

Att vara den coola föräldern låter bra på pappret, men i verkligheten är det en vansinnigt hal väg att vandra. Du vill inte vara känd som den förälder som "låter allt passera" eller "är så avslappnad och förstående". För vet du vad? Kidsen behöver inte en förstående kompis – de har redan sina vänner för det. De behöver någon som sätter ner foten, som ställer krav, och som har tillräckligt med ryggrad för att säga nej när det behövs.

Du kan fortfarande vara en förälder som lyssnar och finns där utan att ge dem grönt ljus till vad som helst. Du kan vara tillgänglig utan att förvandlas till en vuxen som förlorat all auktoritet. Det handlar om balans – att låta dem veta att du litar på dem, men också att du har gränser. Och att dessa gränser inte är förhandlingsbara, oavsett hur mycket de suckar eller himlar med ögonen.

Snacket du måste ha

Så småningom kommer stunden när du behöver sätta dig ner och ha det där riktiga pratet. Nej, inte det klassiska fågel-och-bina-pratet (även om det så klart ingår). Jag menar det riktiga pratet. Det där samtalet där du förklarar gränserna, förväntningarna och – viktigast av allt – konsekvenserna. Börja med detta: "Jag litar på dig. Jag vet att du är klok och kapabel att fatta bra beslut. Men jag vet också hur hormoner fungerar. Jag vet hur snabbt saker kan eskalera, och jag tänker inte låta dig göra ett misstag som kan påverka hela ditt liv." Det handlar inte om att skrämma dem. Det handlar om att vara ärlig. Låt dem veta att du inte är ute efter att förstöra deras liv eller förvandla deras tonårstid till en tråkig fängelsevistelse. Du försöker skydda dem från de faror de inte ens förstår att de behöver skyddas från. Och sedan, med en stadig och orubblig röst, levererar du de magiska orden: "Dörren förblir öppen."

Det ÄR en fas

Den här fasen varar inte för evigt (det känns som jag skrivit det ett antal gånger i den här boken). Tonårstiden är just det – en fas. En dag kommer de att se tillbaka på allt och (förhoppningsvis) inse att du satte gränser av en anledning. Kanske kommer de till och med att tacka dig för det. Men fram till dess gäller det att hålla ut. Hålla fast vid dina regler. Vara den "tråkiga" föräldern när det behövs. För i slutändan handlar det inte om att vara deras bästa vän. Det handlar om att vara deras förälder – den som håller dem säkra, även när de inte förstår varför. Så oavsett om du kämpar mot hormonstormande kärleksintressen eller bara försöker överleva ytterligare en dag i tonårshuset, kom ihåg detta: du är inte ensam, och du gör ett förbaskat bra jobb.

KAPITEL 24:
PREFRONTALA CORTEX

Att vara förälder till en tonåring är som att vara
mitt i en omvälvande naturkatastrof – en
hormonell orkan där vinden blåser åt alla håll och
världen känns som den vänds upp och ner. När
vårt lilla barn, som vi en gång knappt kunde hålla i
våra armar utan att det kändes som en dyrbar
skatt, plötsligt förvandlas till en halvstor,
grubblande, ibland fruktansvärt buttra varelse,
kan det vara svårt att känna igen det vi en gång
älskade så innerligt. Den lilla varelse vi tröstade
med vaggvisor, som gungade på våra knän och
ville vara nära, har förvandlats till någon som
knappt kan tolerera vår närvaro, utan att himla
med ögonen och få oss att känna oss som
fullständiga idioter. Det kan kännas som om vi
håller på att förlora vårt barn. Den fysiska
närheten, som tidigare var något vi tog för givet,
verkar som om den plötsligt blivit tabu. En kyss på
kinden? Också det något som verkar omöjligt för
våra tonåringar. Och skulle vi våga störa i deras
rum, där dörren ofta är låst för att hålla oss ute,
kan vi förvänta oss att mötas av högljudda
protester – en frustation som ibland känns som en
fysisk mur mellan oss och den person vi en gång
kände så väl. Men det finns ett ljus i tunneln. Även
om det ibland känns som att vi, som föräldrar, står
där och ser våra barn sjunka allt längre bort, ska vi
komma ihåg att det finns något otroligt viktigt
som pågår i deras hjärnor – något vi som föräldrar
inte alltid är medvetna om, men som har enorma

konsekvenser för deras beteende, känsloliv och interaktioner med oss.

Hjärnan under konstruktion

När tonåringar beter sig på sätt som vi inte alltid förstår, är det ofta lätt att tro att de helt enkelt är lata, respektlösa eller bara svåra. Men sanningen är att tonåringar genomgår en massiv omstrukturering av hjärnan, vilket förklarar många av de märkliga, ibland frustrerande beteendena vi ser. Tonårshjärnan är, så att säga, under konstruktion – och detta gäller inte bara rent fysiskt utan också psykologiskt.

Den del av hjärnan som fortsätter att utvecklas långt in i ungdomsåren är den prefrontala cortex, ett område som är direkt kopplat till vårt beslutsfattande, planering, impulskontroll och vår förmåga att förstå konsekvenser. Den här delen av hjärnan är ofta inte fullt utvecklad förrän vi är mellan 25 och 30 år gamla, vilket innebär att tonåringar har en hjärna som fortfarande är i "betongstadiet", där byggstenarna fortfarande läggs.

Prefrontala cortex spelar en central roll i hur vi hanterar våra känslor, fatta beslut och agera på ett sätt som beaktar långsiktiga konsekvenser. För tonåringar, där den delen av hjärnan inte är fullt utvecklad, kan det ibland vara som att köra bil utan ett fullständigt fungerande navigationssystem. De kan vara impulsiva, fatta

beslut utan att tänka på konsekvenser eller låta
sina känslor ta överhanden – vilket förklarar varför
tonåringar kan verka som om de ibland agerar
utan att tänka. För föräldrar innebär detta en
utmaning. När vi ser våra barn agera på sätt som
vi inte tycker är rimliga, eller när de inte ser ut att
förstå varför vi säger vad vi gör, är det lätt att
känna frustration. Men vi behöver komma ihåg att
dessa beteenden inte handlar om att de vill göra
oss arga eller inte bryr sig om oss. Det handlar om
att deras hjärnor är i en fas av stor förändring –
en fas som gör det svårt att navigera i de
komplexa sociala och känslomässiga landskapen
som vi, som vuxna, kanske tar för givna.

Snälltolkning: Nyckeln till att behålla kontakten

Så, vad kan vi som föräldrar göra för att möta
denna period av förändring med mer förståelse
och mindre frustration? En viktig strategi är att
tillämpa en metod som kallas "snälltolkning".
Snälltolkning handlar om att aktivt välja att tolka
våra barns beteenden och ord på ett mer positivt
sätt än vad som kanske först känns uppenbart.
Istället för att automatiskt anta att våra tonåringar
är respektlösa eller ointresserade av oss, kan vi
försöka att se deras beteenden genom en lins av
osäkerhet, utveckling och komplexa känslor.
När din tonåring himlar med ögonen när du ber
om hjälp med något så kan det vara lätt att tänka
att de bara är lata eller illvilliga. Men om vi istället
väljer att se det som ett tecken på att de kanske
är överväldigade, stressade eller inte riktigt vet

hur de ska hantera alla de krav som ställs på dem, kan vi närma oss situationen med större empati. Det handlar om att förstå att deras hjärnor är under utveckling och att de fortfarande lär sig att hantera sina känslor och beslutsfattande på ett mer moget sätt.

En annan viktig aspekt av snälltolkning är att vi som föräldrar måste vara medvetna om hur vi reagerar på deras beteenden. Istället för att gå i försvar eller bli arg på deras reaktioner, kan vi försöka stanna upp och fråga oss själva varför de agerar som de gör. Är de trötta? Är de stressade? Är de kanske rädda för att inte leva upp till våra förväntningar? Genom att ge våra barn möjlighet att prata om sina känslor utan att bli dömda, kan vi skapa en tryggare och mer öppen kommunikation som är avgörande för att hålla relationen intakt.

Tips på snälltolkning för föräldrar

Andas innan du reagerar – Om ditt barn ger dig en skarp kommentar eller slår igen dörren till sitt rum, ta ett djupt andetag innan du svarar. Försök att förstå att detta inte handlar om att de inte älskar dig, utan om att de kämpar med något inom sig själva.

Fokusera på deras känslor – När du pratar med din tonåring, försök att förstå deras känslor. Om de säger att de inte vill prata om något, kan du säga: "Jag förstår att du inte vill prata just nu, men vet att jag finns här när du är redo." Det visar att du respekterar deras behov av utrymme samtidigt som du håller dörren öppen för dialog.

Ge positiv feedback när det behövs – När din tonåring faktiskt gör något bra, även om det är litet, ge dem uppskattning. "Tack för att du faktiskt la tallriken i diskmaskinen! Det betyder mycket." Positiv förstärkning kan hjälpa till att bygga upp deras självförtroende och öka deras motivation.

Acceptera att avstånd är en del av utvecklingen – Tonåringar behöver tid att separera sig från sina föräldrar för att kunna bli självständiga vuxna. Försök att inte ta det personligt när de drar sig undan eller blir mer avlägsna. Detta är en naturlig del av deras utveckling och betyder inte att de inte älskar dig.

Att vara förälder till en tonåring är en av livets största utmaningar, men det är också en tid av enorma möjligheter för både föräldrar och barn. Genom att förstå att tonårshjärnan fortfarande är under utveckling, och genom att tillämpa snälltolkning, kan vi bättre stödja våra barn genom denna omvälvande period i deras liv. För att förstå våra tonåringar måste vi förstå deras hjärnor – och när vi gör det, kan vi påbörja en mer medkännande och förstående resa genom tonårsåren. Och vem vet, kanske en dag kommer vi att stå där, med våra vuxna barn som frivilligt ringer oss för att säga hej, utan att vi behöver påminna dem om att lägga in disken.

Referenser

Casey, B. J., Jones, R. M., & Somerville, L. H. (2011). Braking and accelerating of the adolescent brain. Journal of Research on Adolescence, 21(1), 21–33.

Steinberg, L. (2005). Cognitive and affective development in adolescence. Trends in Cognitive Sciences, 9(2), 69–74.

Spear, L. P. (2000). The adolescent brain and the adolescent concept of self. Developmental Science, 3(4), 210–222.

KAPITEL 25:
SKOLAN

Skolan – där föräldrar och deras tonåringar fastnar i en oändlig cykel av läxor, betyg och utvecklingssamtal. Det känns som om vi har blivit fångade i en tidsloop, där vi gång på gång återupplever vår egen ungdom, men nu på andra sidan bordet. Plötsligt är det vi som förväntas vara de engagerade vuxna, de som bryr sig om om våra barn förstår algebra eller kan analysera *Flugornas Herre*. Och här står vi med en ganska överväldigande känsla av att vara otillräckliga. Vi minns våra egna skolår, eller åtminstone försöker vi minnas dem. De där åren fyllda med sociala överlevnadsspel, pinsamma stunder och den eviga känslan av att inte riktigt höra hemma någonstans. Vi lärde oss nog egentligen inte så mycket om geometri eller kvadratiska ekvationer – om vi ska vara ärliga. Det mesta vi lärde oss var snarare hur vi skulle överleva i den sociala djungeln där betyg knappt var lika viktiga som att hitta sin plats i hierarkin. Det handlade mer om att lära sig navigera de oskrivna reglerna, att förstå vem man skulle vara för att passa in, än om att lösa matematiska problem. Och så här står vi nu, som föräldrar till tonåringar, och får återuppleva det hela – men denna gång på andra sidan. Plötsligt är vi de vuxna som ska guida våra barn genom samma berg-och-dalbana av osäkerhet och socialt spel. Vi är de som ska förklara varför algebra faktiskt spelar en roll, även om vi knappt kan minnas varför vi själva kämpade med det.

184

Den oändliga kampen: utvecklingssamtalet

Och så har vi det där utvecklingssamtalet. Det där fantastiska föräldramöte som känns som en kombination av en psykologisk rättegång och en diplomats svåraste förhandling. När du sitter där på en liten stol som inte riktigt passar, och försöker spela intresserad samtidigt som du inombords känner: "Varför gör jag det här igen?" Läraren ser på dig över sin höga stapel med papper, slår upp sitt mest neutrala ansiktsuttryck och börjar med det klassiska: "Det går ganska bra, men..." Och du vet redan vad som kommer härnäst. En lång monolog om ditt barns "potential", "fokus" och "mögelfri utveckling" (eller något i den stilen).

Du nickar artigt och försöker hålla uppe någon form av kontaktögon, men inombords skriker du: "Snälla, låt detta ta slut innan jag sprakar av frustration och får ett utbrott som kommer skada hela familjens sociala status!" Och så, precis när du tror att du kanske klarat dig undan, kommer den frågan som känns som en fälla: "Har ni några frågor?" Du svarar snabbt med ett "Nej, inget just nu", men vad du egentligen vill säga är: "Varför håller vi på med det här? Varför inte bara skicka hem en lapp där det står 'det går bra' och så kan vi alla gå vidare med våra liv?"

Men behöver det verkligen vara så här?

Du kan ju även sätta dig ner, sänka axlarna och prata helt ärligt med ditt barn och läraren.

Ställ frågor till ditt barn:
"-Vad tror du är bästa sättet att hjälpa dig"
"- Vad hade hjälpt dig mest i klassrummet för att
du ska tycka att det är värt att lyssna?"

Ställ frågor till läraren:
"- Vilka andra pedagogiska verktyg kan vi och du
använda för att fyll potentialen som finns?"
"-Kan vi följa upp om 3v och se hur fokuset legat
med de nya strategierna?"

Du känner, ibland, ditt barn bäst och är därmed
kravställare på deras omgivning och skolgång.
Om du inte frågar får du heller inga svar.

Hemläxor – när familjen blir ett krigsfält

Och så till hemläxorna, den alltid lika underbara
kvällsrutinen. "Kvällens höjdpunkt" om du vill vara
ironisk, "total katastrof" om du är ärlig. Sätt dig
ner vid köksbordet och känn hur dina gamla
skolläxor försvinner långt bort i ditt minne. "Vad
var nu omkretsen av en parallellogram?" Och
innan du ens har fått ihop en teori om det, märker
du att ditt barn sitter och scrollar TikTok med ett
engagemang som bara kan jämföras med hur
mycket de bryr sig om att faktiskt förstå
matematiken. Det är som att ha en levande
paradox framför sig. Du försöker vara pedagogisk,
men samtidigt känner du att din hjärna långsamt
börjar rosta från brist på användning. "Bara gör
det så slipper du tänka på det sen!" väser du

genom tänderna. Ditt barn himlar med ögonen så
hårt att du undrar om de kommer att bli blinda av
ansträngningen. Och där är vi – ingen lösning i
sikte. Ett gräl är oundvikligt. Du tar ett djupt
andetag, resignerar och går bort för att låta dem
lösa sina egna problem. Men självklart kommer du
tillbaka om fem minuter för att se om någon form
av produktivitet har inträffat, eller om ni nu får ett
nytt "men det är för svårt!"-utbrott. Och i den
stunden är du så nära att förlora ditt förstånd att
du inte ens vet om du vill skrika eller gråta.

Skolans sociala stridigheter – ny nivå av kaos
Så, vad sägs om det sociala kriget på skolan?
Kommer du ihåg skolgårdsbråken, de små gnabb
som gjorde att man aldrig riktigt visste om man
var vän eller fiende? Och så lägg till sociala medier
på det – där varje skvaller och lilla konflikt sprids
snabbare än du kan säga "men vi pratade ju om
det igår". Ett enda taskigt meddelande på
Instagram och din tonåring är plötsligt mitt i en
social storm. Du vill skydda dem från alla dessa
små och stora orättvisor, men samtidigt vet du att
de måste lära sig att slå tillbaka på egen hand. Och
ibland, när du får höra om vad som verkligen
hände, undrar du om det faktiskt var ditt eget
barn som kastat den där första bombastick side-
eye-blicken. För vi ska vara ärliga, den där bitande
ironin och skarpa tungan? Den fick de nog från
dig.

Kommer din tonåring någonsin att se ljuset?

Så här står vi nu, i en oändlig loop av svettiga kvällar med läxor, där algebra, fysik och geografi känns som barriärer vi måste övervinna för att ens komma vidare. Din tonåring sitter där, motvillig och utmattad, med läxpapper som bara verkar bli fler, medan du står vid deras sida, försöker få saker att gå ihop. Du kämpar tillsammans, ständigt på jakt efter den där magiska lösningen på kvadratiska ekvationer, fysikens lagar eller de där obegripliga kartorna i geografin. Och så finns det ChatGPT, alltid där, redo att hjälpa till när ingen annan förklaring verkar räcka till. När du själva lurar hur man ska förklara varför massan i fysikens värld är en viktig faktor, eller varför algebra ska ha så många steg för att bara lösa ett enkelt problem, är det en lättnad att kunna slå upp något på telefonen. Det är som att ha en osynlig hjälpare vid din sida, som om ChatGPT är den hemliga assistenten som räddar dagen. Kanske kommer din tonåring en dag att minnas alla de där kvällarna med läxhjälp, när vi satt ihop och kämpade igenom timmar av frustration. För just nu är det inte bara om att de ska lära sig algebra eller klara fysiken. Det handlar om att visa dem att vi finns där, oavsett hur förvirrande och hopplöst det kan kännas. Och ja, kanske en dag när de har vuxit upp och inte längre behöver oss för att förklara att $2x + 3 = 7$, kommer de att inse hur mycket vi faktiskt gjorde.

Tips: Kontakta genast din klan för pepp!

KAPITEL 26:
VÅLD

Hur man som tonåring bemöter våld

Att vara tonåring innebär att navigera en värld där konflikter ibland uppstår. De kan vara små, som en hetsig diskussion på sociala medier, eller mer allvarliga, som en fysisk konfrontation. Som förälder vill man rusta sitt barn med både kunskap och verktyg för att hantera sådana situationer på ett säkert och ansvarsfullt sätt. Självförsvar är alltid okej, men det är också viktigt att förstå var gränserna går enligt lagen och hur man bäst undviker att hamna i våldsamma situationer från början.

Det bästa försvaret är att undvika våld

En av de första och viktigaste lärdomarna inom kampsport är att den bästa striden är den som aldrig behöver utkämpas. Att kunna läsa av en situation och undvika konfrontation är en ovärderlig färdighet. Att ha ett lugnt kroppsspråk, kunna prata sig ur en upptrappad situation och känna tillflyktsvägar är alla strategier som kan hjälpa tonåringar att hålla sig säkra.

En bra dojo lär ut att självförsvar handlar mer om disciplin, kroppskontroll och självförtroende än om att slåss. Många kampsporter betonar vikten av respekt och ansvar, och det är precis de värdena som hjälper tonåringar att fatta kloka beslut även utanför träningslokalen.

När våld inte går att undvika – vad säger lagen?

I Sverige finns något som heter nödvärnslagen.
Den innebär att du har rätt att försvara dig själv
eller någon annan om du blir attackerad, men bara
i den mån det är nödvändigt och proportionerligt.
Med andra ord: om någon knuffar dig, får du inte
svara med ett flygande karateslag i bröstet. Men
om någon försöker slå dig och du inte kan fly, får
du försvara dig på ett sätt som gör att du kan ta
dig ur situationen. Nödvärnslagen skyddar den
som försvarar sig, men den sätter också gränser.
Det betyder att om man använder mer våld än
nödvändigt kan man själv bli straffrättsligt
ansvarig. Det är därför en bra idé att prata med
ditt barn om vad lagen innebär och hur de kan
agera i olika situationer.

Hur man kan träna för att vara redo

Att träna kampsport i en bra dojo ger många
fördelar. Förutom att bygga upp fysisk styrka och
koordination lär sig barnen även hur man hanterar
stress, reagerar snabbt och håller huvudet kallt
under press. De får också en djupare förståelse för
vikten av kontroll och disciplin.

Här är några viktiga aspekter av
kampsportsträning som hjälper tonåringar att
bemöta våld på rätt sätt:

1. **Självkontroll och disciplin** – Lär sig att inte låta
    känslorna ta över och att tänka klart i
    pressade situationer.

2. **Konflikthantering** – Lär sig att använda sin röst och kroppsspråk för att lugna ner en situation innan den eskalerar.

3. **Snabb bedömning** – Övar på att analysera hot och avgöra bästa sättet att skydda sig själv.

4. **Fysisk beredskap** – Lär sig effektiva tekniker för att avvärja attacker på ett säkert sätt.

Vad kan du som förälder göra?
Som förälder är det viktigt att ha en öppen dialog med ditt barn om hur de hanterar svåra situationer. Här är några sätt du kan stötta ditt barn:

- **Prata om gränser och ansvar** – Se till att de förstår nödvärnslagen och vet när det är okej att använda våld och när det inte är det.

- **Uppmuntra kampsport** – Om de visar intresse, hitta en dojo med en tränare som betonar disciplin och kontroll.

- **Rollspela scenarier** – Öva på hur de kan svara i olika situationer, både verbalt och fysiskt.

- **Bygg självförtroende** – Ett barn som är självsäkert är mindre benäget att bli ett mål för mobbning eller våld.

Att bemöta våld handlar om mer än bara teknik – det handlar om kunskap, självförtroende och förståelse för både kroppens och lagens gränser.

KAPITEL 27:
HYGIEN

Tonårsplågan: Finnar och Pormaskar – En Förälders Guide till Hjälp och Hopp

Ah, tonåren! Den magiska perioden av självupptäckt, växtvärk, första förälskelser och... ett ansikte som ibland ser ut som ett kraterfält på månen. Finnar och pormaskar är två av de största (och mest frustrerande) utmaningarna för tonåringar – och vi föräldrar får gärna vara med på tåget. Men oroa dig inte, du är inte ensam! Här får du en lättsam, men ändå informativ guide om hur du kan hjälpa ditt barn att hantera sin hud under den här intensiva perioden.

Finnar vs. Akne – Vad Är Skillnaden?
Först och främst, låt oss reda ut skillnaden mellan vanliga tonårsfinnar och akne. De flesta tonåringar får finnar, ofta i form av små, röda plitor eller pormaskar. De här brukar dyka upp någonstans under puberteten, men de är vanligtvis inget att oroa sig för. De kan hanteras med en bra hudvårdsrutin och brukar försvinna relativt snabbt.

Akne är däremot en mycket mer intensiv och långvarig hudåkomma. Vi pratar om stora, inflammerade finnar som ibland blir varfyllda, och som kan lämna ärr om de inte behandlas på rätt sätt. Akne kan dyka upp inte bara i ansiktet, utan även på ryggen, bröstet och axlarna. Vad som skiljer dessa två är främst omfattningen och hur envisa utslagen är. Akne är mer utbrett, mer

194

smärtsamt och kräver ofta mer omfattande behandling än vanliga tonårsfinnar.

När Ska Man Söka Vård för Akne?

Det är en sak att ha några enstaka finnar, men om ditt barns hudproblem:

- Är svår akne med stora, smärtsamma cystor och knölar.

- Inte förbättras trots regelbunden hudvård.

- Påverkar barnets självkänsla och vardag negativt.

- Lämnar ärr efter sig.

...då kan det vara dags att boka en tid hos vårdcentralen eller en hudläkare. Det finns medicinska behandlingar som kan hjälpa, som receptbelagda krämer, antibiotika eller i vissa fall isotretinoin (Roaccutan).

Hur Kan Du Hjälpa Ditt Barn?

Som förälder vill du självklart ge ditt barn de bästa förutsättningarna för att hantera finnar och pormaskar. Här är några konkreta sätt du kan hjälpa till:

1. Skapa en enkel och effektiv hudvårdsrutin

Tonåringar är ofta trötta och stressade, så deras hudvård behöver vara snabb och enkel. Här är en grundläggande rutin:

Morgon:

- Rengöring med en mild ansiktstvätt (gärna med salicylsyra eller niacinamid).

- Återfuktning med en lätt, oljefri fuktkräm.

- Solskydd (ja, även på vintern!).

Kväll:

- Rengöring för att ta bort smuts och olja.

- Behandling med exempelvis en BHA-syra eller en punktbehandlingskräm.

- Återfuktning igen!

2. Välj Rätt Produkter

Det finns mängder av hudvårdsprodukter där ute, men några ingredienser är särskilt bra för tonårshud:

- **Salicylsyra (BHA):** Löser upp olja och rengör porerna på djupet. Bra för pormaskar och fet hud.

- **Benzoylperoxid:** Effektivt mot aknebakterier, men kan torka ut huden.

- **Niacinamid:** Lugnar inflammation och balanserar talgproduktionen.

- **AHA-syror (glykolsyra, mjölksyra):** Hjälper till att exfoliera huden och förhindrar tilltäppta porer.

- **Retinol:** En kraftfull ingrediens som påskyndar cellförnyelsen och minskar finnar, men bör introduceras försiktigt.

3. Håll Händerna Borta från Ansiktet!

Dina tonåringar kommer att hata att höra det, men det är sant: att klämma finnar gör saken värre! Smutsiga fingrar sprider bakterier och kan leda till ärrbildning. Påminn dem vänligt (och hundra gånger till) att låta bli!

4. Kostens Betydelse

Det finns inga bevis för att choklad och chips direkt orsakar finnar, men vissa livsmedel kan påverka huden. Mejeriprodukter och livsmedel med högt glykemiskt index (som vitt bröd och socker) har kopplats till akneutbrott hos vissa personer. Uppmuntra en balanserad kost rik på grönsaker, frukt, nyttiga fetter och vatten!

5. Stressen och Huden

Skola, sociala medier, vänskapsrelationer – tonåringar lever ofta stressiga liv. Stress kan trigga finnar genom att öka kortisolnivåerna i kroppen, vilket stimulerar talgproduktionen. Hjälp ditt barn att hitta avslappningsmetoder som funkar för dem, vare sig det är yoga, träning, promenader eller att lyssna på musik.

6. Sängkläder och Hygien

- Byt örngott ofta – minst en gång i veckan.

- Rengör mobilskärmen regelbundet (den är en bakteriebomb!).

- Håll hårprodukter borta från ansiktet, särskilt feta oljor.

Vanliga Myter om Finnar

✘ **"Finnar beror på dålig hygien"** – Nej, finnar orsakas av hormoner och genetiska faktorer, inte av att man är smutsig. Överdriven rengöring kan faktiskt göra huden värre!

✘ **"Sola bort finnar"** – Tillfälligt kan finnar se bättre ut efter solning, men UV-strålar kan skada huden och förvärra problemen i längden.

✘ **"Tandkräm torkar ut finnar"** – Ja, men den irriterar också huden och kan göra mer skada än nytta.

När Blir Det Bättre?

Den goda nyheten är att tonårsfinnar försvinner för de allra flesta när hormonstormarna lugnar sig. Tills dess handlar det om att ta hand om huden på bästa sätt och inte låta finnar påverka självkänslan för mycket.

Och som förälder? Det viktigaste du kan göra är att stötta, lyssna och kanske köpa den där ansiktsrengöringen de vägrar erkänna att de behöver. Finnar må vara tonårsplågan, men med rätt kunskap och produkter blir det både hanterbart och övergående!

Varför Är Det Så Viktigt Att Tvätta Händerna?

Har du någonsin funderat på hur många saker dina händer rör vid under en dag? Dörrhandtag, mobiltelefoner, pengar, tangentbord – och, om vi ska vara ärliga, kanske också näsan. Våra händer är fantastiska verktyg, men de är också experter på att samla på sig bakterier och virus. Därför är det livsviktigt att tvätta händerna – och göra det ordentligt!

Skrämmande Fakta: Vad Händer om Vi Inte Tvättar Händerna?

Låt oss först prata om vad som kan hända om man slarvar med handhygienen:

- **Matförgiftning** – Visste du att 1 av 6 personer blir sjuka varje år på grund av matförgiftning? Bakterier som salmonella och E. coli älskar att sprida sig via otvättade händer.

- **Förkylningar och influensa** – Virus sprids som en löpeld när vi skakar hand, tar i handtag eller gnuggar oss i ögonen efter att ha rört en smittad yta.

- **Maginfluensa och diarré** – En stor del av alla magproblem kommer från bakterier som lätt kan undvikas genom god handhygien.

- **Efter toalettbesök – en bakteriebomb!** – Enligt studier är var femte person som lämnar toaletten utan att tvätta händerna en potentiell sjukdomsspridare. Tänk på det nästa gång du trycker på en hissknapp...

När Ska Man Tvätta Händerna?

För att undvika att bli (eller göra andra) sjuka bör du alltid tvätta händerna:

- **Innan du äter eller lagar mat** – Ingen vill ha en extra krydda av E. coli i sin spaghetti.

- **Efter toalettbesök** – Behöver vi ens förklara detta? Toaletter är ett paradis för bakterier.

- **När du kommer hem från skolan eller jobbet** – Du vet inte vad du har rört vid under dagen!

- **Efter att du nyst eller hostat i handen** – Vi vill inte att baciller ska vandra vidare till nästa person du hälsar på.

- **Efter att ha rört vid pengar eller handtag på offentliga platser** – Tänk på att sedlar kan ha fler bakterier än en toalettsits!

- **Efter att ha klappat djur** – Även våra älskade husdjur bär på bakterier, även om de ser hur gulliga ut som helst.

Hur Tvättar Man Händerna Ordentligt?

1. **Blöt händerna med varmt vatten.**

2. **Ta tvål och löddra ordentligt.** Glöm inte att gnugga mellan fingrarna och ovanpå händerna.

3. **Skrubba i minst 20 sekunder.** Ett bra knep är att sjunga "Blinka lilla stjärna" två gånger.

4. **Glöm inte tummarna och naglarna!** De är bakteriernas favoritgömställen.

5. **Skölj noggrant med vatten.**

6. **Torka händerna med en ren handduk.**

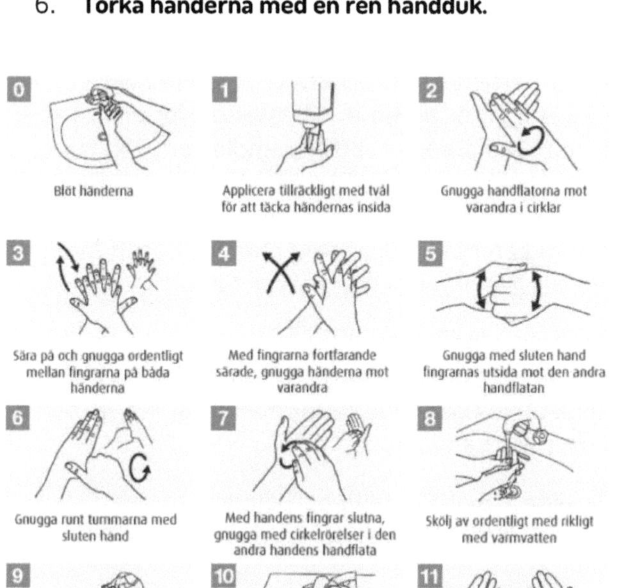

201

Tvål Eller Handsprit?

Tvål och vatten är alltid bäst, men handsprit kan vara ett bra komplement när man inte har tillgång till rinnande vatten. Dock funkar handsprit inte lika bra på smutsiga händer – bakterier och virus kan gömma sig under smutsen!

Uppmuntra era barn å det tydligaste att tvätta händerna varit i skolan, efter toaletten eller i affären. Gör det bara.

Fempunkts Tvätt – Den Enkla Konsten att Hålla Sig Fräsch

Ibland är en lång, varm dusch det bästa som finns. Men vad gör man när tiden är knapp, när vatten är en bristvara, eller när man bara behöver en snabb uppfräschning? Då kommer fempunkts tvätten till undsättning! Ursprungligen ett militärt koncept, men helt perfekt att applicera i det civila livet – oavsett om du är hemma, på resande fot eller ute i naturen. Fempunkts tvätten handlar om att snabbt och effektivt hålla kroppen ren genom att fokusera på fem kritiska punkter. Det är en enkel rutin som kan hjälpa dig att känna dig fräsch även när en fullständig dusch inte är möjlig.

Vad Är Fempunkts Tvätt?

Fempunkts tvätten innebär att du tvättar fem strategiskt viktiga delar av kroppen, där smuts och bakterier lätt samlas:

1. **Ansikte** – Svett, smuts och dagens rester samlas här. Att rengöra ansiktet ger en

omedelbar fräsch känsla och minskar risken
för finnar och irritation.

2. **Armhålor** – Här uppstår kroppslukt snabbast.
   En snabb rengöring kan göra stor skillnad i din
   personliga hygien och komfort.

3. **Händer** – Vi använder händerna hela tiden, och
   de blir snabbt smutsiga. Att hålla dem rena är
   viktigt för både hygien och hälsa.

4. **Ljumskar och underliv** – Viktigt för att undvika
   irritation, obehag och infektioner.

5. **Fötter** – Våra fötter bär oss genom dagen och
   förtjänar lite omsorg för att undvika dålig lukt
   och hudproblem.

Hur Genomför Man Fempunkts Tvätten?

Hemma i Duschens Trygga Vrå

När du duschar men vill spara tid eller vatten kan
du fokusera på dessa fem punkter:

1. **Börja med ansiktet** – Använd ljummet vatten
   och en mild rengöring för att skölja bort smuts
   och oljor.

2. **Fortsätt med armhålorna** – Använd tvål och
   vatten för att snabbt men effektivt rengöra
   detta område.

3. **Tvätta händerna noggrant** – En snabb men
   grundlig rengöring av händer och fingrar.

4. **Underliv och ljumskar** – Använd en skonsam tvål
   och se till att skölja ordentligt.

5. **Avsluta med fötterna** – Massera in tvål mellan
   tårna och på fotsulorna, skölj väl.

Ute i spenaten – När Duschen Inte Finns Tillgänglig

Om du är på camping, en festival eller en vandring
och inte har tillgång till rinnande vatten kan du
fortfarande hålla dig ren med dessa steg:

1. **Ansikte** – Använd en våtservett eller en fuktad
   trasa för att torka bort smuts och svett.

2. **Armhålor** – En våtservett eller en liten mängd
   vatten och tvål på en trasa fungerar bra.

3. **Händer** – Handsprit eller en snabb tvätt i en
   vattenflaska gör susen.

4. **Ljumskar och underliv** – Tvätta försiktigt med en
   fuktig trasa eller våtservett.

5. **Fötter** – Ta av dig skorna, lufta fötterna och
   torka av dem med en våtservett eller trasa.

Varför Är Detta Så Viktigt?

Att hålla sig ren handlar inte bara om att undvika
dålig lukt – det handlar också om hälsa och
välbefinnande. Smutsiga händer kan sprida
sjukdomar, fuktiga fötter kan leda till
svampinfektioner, och att inte tvätta armhålor och
ljumskar kan orsaka irritation och obehag.

KAPITEL 28:
CODE RED

Det händer plötsligt men ändå väntat. En dag går
din lilla unge, som du nyss bytte blöjor på, från att
vara ett vanligt barn till att kliva in i pubertetens
storartade men ganska besvärliga värld. Första
mensen är en av de där milstolparna som alla
föräldrar vet kommer, men få känner sig riktigt
förberedda på. Och så plötsligt, där är den – och
med den, en hel kavalkad av känslor, frågor och
en lätt kaotisk blandning av stolthet och panik.
Jag kommer aldrig att glömma hur min man
hanterade vår dotters första mens Han kom hem
med en påse fylld med bindor, och en bukett
blommor. Han räckte bara över dem, som om det
var den självklaraste saken i världen, utan att göra
någon stor sak av det. Och just där, i den tysta
gesten, låg all kärlek och omtanke i världen.
Och det är väl just det som är nyckeln – att vara
där, men inte för påträngande, att visa stöd utan
att göra det till en större sak än vad barnet själv
vill att det ska vara.
Mens är liksom grundstenen till att vi alla existerar
Det är, bokstavligen, det mest naturliga i världen.
Ändå behandlas inte detta normala fenomen som
enkelt och basalt av samhället.
Varför visas exempelvis blod som blått i
menskyddsreklam? Sug på den tanken en stund.

Så var som min man, i det här fallet.
Var mer som han är.

Vad händer i kroppen?

Menscykeln är en fantastisk biologisk föreställning med hormoner i huvudrollerna. Östrogen och progesteron samarbetar för att förbereda kroppen för en potentiell graviditet, och när det inte blir någon bebisfest, ja, då rasar progesteronet och livmodern bestämmer sig för att kasta ut sin nyrenoverade inredning.

Resultatet? Blödning, värk, svullnad, cravings, humörsvängningar och en stark känsla av att hela världen är emot en. Kroppen kan reagera med:

- **Mensvärk:** Lågmält molande eller krampattacker värdiga en actionfilm. Livmodern är en muskel, och den jobbar hårt för att stöta ut slemhinnan.

- **Ökad aptit:** Kroppen ropar efter choklad, salt och kolhydrater som om det vore sista måltiden.

- **Uppblåsthet:** Känslan av att ha svalt en ballong, och inte en av de där små, gulliga utan en jäkla Zeppelinare.

- **Huvudvärk och trötthet:** Blodförlusten och hormonsvängningarna kan göra att energinivåerna sjunker.

- **Finnepidemi:** Hormonerna spelar pingpong med talgproduktionen.

- **Humörsvängningar:** Ena stunden ett solsken,
  nästa en regnstorm.

Vad händer i sinnet?

Hormonerna påverkar inte bara kroppen, utan
också känslorna. För många känns PMS som en
inre Shakespeare-tragedi där allt är lite mer
dramatiskt än det behöver vara. Saker som en
tappad penna kan leda till fullständig existentiell
kris, medan en snäll kommentar från en vän kan
kännas som den vackraste gåvan i världen.

Några vanliga känslomässiga svängningar:

- **Irritation:** Ljudet av någon som tuggar kan vara
  en ren provokation.

- **Gråtfest:** Reklam för hundmat? Tårarna flödar.

- **Ångest och nedstämdhet:** Vissa kan känna sig
  lågmälda och mer oroliga än vanligt.

- **Plötsliga lyckorus:** Jodå, ibland slår det åt andra
  hållet!

Hur kan du som förälder underlätta?

Att navigera en tonårings mensresa som förälder
kräver en kombination av empati, humor och
beredskap. Här kommer några konkreta tips på
hur du kan finnas där:

1. Ha en avslappnad och informativ attityd

Mens är lika naturligt som att svettas eller gäspa,
men samhället har historiskt sett gjort det till
något mystiskt och skamfyllt. Bryt det mönstret!
Prata öppet, gärna med en skopa humor, och
normalisera att kroppen gör sitt jobb.

2. Bygg ett menskit

Överraska ditt barn med en "överlevnadslåda":

- Olika typer av mensskydd (bindor,
  tamponger, menskopp – låt dem testa vad
  som känns bäst!)

- Choklad eller något annat gott

- Värktabletter

- En värmekudde (livmoderns bästa vän)

- En tröstande lapp: "Du är fantastisk, även
  när du vill kasta saker!"

3. Var redo för humörsvängningar

En tonåring med mens kan vara som en
väderprognos som aldrig stämmer. Ena sekunden
solsken, nästa sekund åska. Ta det inte personligt!
En varm kram (om den tillåts) eller en simpel "Vill
du prata eller ha choklad?" kan rädda dagen.

4. Mat och vätska är nyckeln

Balanserad kost kan hjälpa mot humörsvängningar
och mensvärk. Järnrika livsmedel (spenat, rött
kött, linser) hjälper kroppen att återhämta sig

efter blodförlusten. En kopp te och en bit mörk choklad kan också vara en oväntat kraftfull första hjälpen-lösning.

5. Respektera deras gränser

Vissa vill prata, andra vill inte ens att du nämner det. Fråga rakt ut: "Vill du att vi pratar om det, eller ska jag bara finnas här och se till att frysen är full av glass?"

6. Lär dem att spåra sin cykel

Att ha koll på sin mens kan hjälpa tonåringar att förstå sitt eget mående bättre. Appar som Menskollen eller en enkel kalender kan ge en heads-up om vad som väntar.

7. Se till att det finns mensskydd överallt

Lägg några extra bindor i deras skolväska, jackficka eller idrottsväska. Bonuspoäng om du dessutom har några i din egen väska – du blir förälderhjälte när en vän i nöd behöver en.

8. Bjud in till vila

Låt dem slappa utan dåligt samvete. En mysig filt, en film och en värmekudde kan göra underverk.

9. Prata om det med alla i familjen

Särskilt om det finns bröder i huset. De behöver också förstå att mens inte är något konstigt eller äckligt. Att lära dem att hämta en värmekudde och ge en chokladbit kan bli deras livs viktigaste relationslektion.

10. Visa att det inte är en begränsning

Mens är inget hinder för träning, skola eller fritidsaktiviteter – men ibland behöver man ta det lugnt. Stötta dem i att känna efter vad som funkar för dem.

När ska du söka hjälp?

Mens kan vara besvärlig, men om ditt barn upplever extrem smärta, mycket kraftiga blödningar, kraftig nedstämdhet eller oregelbunden mens kan det vara bra att prata med en läkare. Endometrios och PCOS är exempel på tillstånd som kan behöva medicinsk hjälp.

Mens är en del av livet, och ju mer avslappnat vi hanterar det, desto lättare blir det för våra barn att göra detsamma. Det är en lärorik tid där kroppen säger: "Grattis, du är en biologisk mirakelmotor!" – men det betyder inte att det är en dans på rosor varje gång. Som förälder kan du vara skillnaden mellan att mens känns som en förbannelse eller bara en lite jobbig grej som går över.

Och om allt annat misslyckas – ha alltid choklad redo!

KAPITEL 29:
DE OSJUNGNA HJÄLTARNA

Låt oss ta en stund och ge våra varmaste applåder
till de osjungna hjältarna i föräldraskapets stora
och vilda universum: alla fantastiska
singelföräldrar. För det är du – den outtröttliga,
kärleksfulla och obevekliga hjälten – som sätter
ribban för vad uthållighet och kärlek verkligen
betyder. Att vara ensamstående förälder är inte
bara en roll du spelar, det är som att stå i centrum
av en episk saga där du kämpar mot odds, sjunger
triumfer och brottas med hinder som får vanliga
människor att svimma.
Och om vi ska vara riktigt ärliga, att vara
ensamstående förälder till en tonåring är som att
få en inbjudan till en strid med de grekiska
titanerna. Men istället för att vara utrustad med
ett magiskt svärd får du nöja dig med en
plastgaffel, en två timmar försenad kaffe och ett
mål att hålla näsan ovanför vattenytan när
stormen drar förbi. Men här är sanningen: du är
ingen vanlig dödlig.
Nej, kära du, du är en krigare. En superhjälte,
smidd ur elden av kaos och uthållighet. Jag är
övertygad om att om det fanns ett hederspris för
att överleva ensamföräldraskapets alla faser,
skulle du få den där glittrande trofén som vi alla
vet är värt mer än vad en Oscar någonsin kan ge.
Och om det fanns rättvisa i världen skulle du ha en
mantel av finaste siden, broderad med orden "Jag
överlevde tonåren" – som en legend från en annan
tid.

Men tills dess får vi ge dig den allra största av tributer: en djupdykning i prövningarna, vedermödorna och – inte minst – triumferna av att uppfostra en tonåring ensam. Det är ingen liten bedrift. Faktum är att när det gäller att vara ensamstående förälder till en tonåring, då talar vi om en form av badassery som verkligen inte får den uppmärksamhet det förtjänar.

Att vara VD, chaufför, terapeut och allt däremellan
Låt oss börja med en av de mest basala (men också mest imponerande) delarna av livet som ensamstående förälder: du bär verkligen ALLA hattar. Och jag menar alla. Varje. En.
VD för hushållet? Check. Du leder hela familjens verksamhet med en sådan visdom och beslutsamhet att även den mest erfarna företagsledare skulle känna sig som en amatör i jämförelse. Att hålla koll på familjens ekonomi, planera för framtiden, och ändå hålla allt flytande – du är en mästare på det här!
Chaufför för efter-skolan-aktiviteter? Check. Och om någon någonsin tvivlade på dina körkunskaper, så har du bevisat gång på gång att du är den där föräldern som gör det omöjliga möjligt – du kan köra mellan fotbollsträning och gitarrlektioner utan att ens svettas. Det är som om du har inbyggd GPS för att navigera genom din tonårings eviga aktivitetsschema, och ändå kan du lyckas få middag på bordet innan klockan är tio.
Terapeut för alla hormonella sammanbrott? Check.

Det är klart att du är den som har blivit expert på att lyssna på en tornadostorm av känslor. När ditt barn står där med tårarna sprutande och en väldig frustration som kräver all din uppmärksamhet, så är du den stadiga klippan. Du lyssnar, stöttar och säger precis rätt saker, även om du egentligen bara vill ta en paus och skrika åt världen att ge dig en paus. Men inte du. Du biter ihop, för du vet att när det handlar om att vara en trygg hamn för ditt barn, finns inget utrymme för svaghet.

Och allt det här? Det är bara grunden. Kock, lärare, läxpolis, emotionellt stöd, dagisvakt och världens bästa mamma eller pappa. Varje dag är en kamp, men du klarar det. För att det är vad du gör – du får det att funka. Hur? Det handlar om att hålla bollarna i luften samtidigt som du jonglerar med brinnande svärd och balans på lina över en krokodilgrop. Och vet du vad? Du gör det med en sådan grace och humor att ingen ens inser hur svår dagen egentligen var.

Att orka – ett mentalt maraton

Så, vad innebär det egentligen att vara ensam förälder till en tonåring? Förutom att du är en levande legenda i din egen rätt, är det ett mentalt och känslomässigt maraton. Om livet var ett spel skulle du vara den spelare som inte bara håller på i fyra timmar, utan gör det med ett leende och ett skratt, även när fienden verkar oövervinnerlig. Den mentala belastningen av att vara ensam förälder är som att spela ett oändligt parti schack

– förutom att pjäserna rör sig av sig själva och ingen har berättat för dig vad reglerna är. Det känns som om du tänker fem steg framåt i varje situation, förutse problem innan de ens uppstår och lösa kriser innan de hinner eskalera. På samma gång försöker du hålla koll på din tonårings schema, skolarbete, känslomässiga behov och sociala liv, samtidigt som du sköter ditt eget jobb, hushållet och ibland till och med lyckas hålla på din egen självkänsla – du är en hjälte, rent ut sagt. Så visst, du är van vid att vara både beslutsfattare och livräddare i ditt eget lilla universum. Det här är dina träningspass – ingen gymtränare kan få upp din pulskurva så högt som ditt eget liv som ensam förälder. Och ändå får du det att fungera. Du lyckas få middag på bordet, hålla reda på allas tandläkartider och ändå vara den första att säga "jag älskar dig" när kvällen kommer. Du är inte bara en förälder – du är en oumbärlig pelare i din familjs liv.

Att hålla sig flytande – när världen känns som en storm
Nu när vi har belyst några av de praktiska rollerna du fyller varje dag – låt oss tala om den verkliga styrkan som kommer från att vara ensamstående förälder. Det handlar om den där inre eld som vägrar att slockna, även när vindarna piskar mot dig och hela världen verkar vara på väg att gå under. För att vara ensamstående förälder är att ständigt hålla sig flytande på en stormig havsvidd. Det spelar ingen roll hur många gånger vågorna

slår emot – du står där, orubblig, med hjärtat i halsgropen, men med blicken stadigt riktad mot horisonten.

För vad folk inte ser – det är det dolda arbetet. Det som du inte får någon applåd för, men som faktiskt är den verkliga prövningen. Vi pratar inte bara om att hålla koll på läxorna, ta hand om matlagningen eller köra tonåringen till någon av deras oändliga aktiviteter. Vi pratar om den otroligt tunga mentala belastningen som kommer med att vara en ensam vuxen som försöker balansera sitt eget liv samtidigt som du håller ihop en liten (eller ganska stor) familj.

För varje gång du har stått där, helt utmattad, men ändå lyckats hitta en bit energi för att ge ditt barn den där extra kramen när de behöver den som mest – det är då du verkligen förstår att du är en superhjälte. För att hålla ihop allt, för att hålla familjen samman, för att vara en fyr i mörkret för ditt barn, krävs det mer än bara uthållighet – det krävs ett hjärta som vet att det inte finns några gränser för vad du kommer att göra för att ge ditt barn den trygghet de förtjänar.

Och ibland handlar det om att vara där, även när det känns som att du inte har någon plats att stå på själv. Det handlar om att kliva upp, dag efter dag, trots att du har kämpat hela natten för att hålla huvudet ovanför ytan. Men du gör det ändå. Du ger det där stödet. Du hjälper till med matteuppgifterna, förbereder en middag när du knappt har energi att lyfta en sked, och klär på ditt bästa ansikte när du innerst inne bara vill dra täcket över huvudet och ge upp för en stund. Och vet du vad? Det är här, mitt i den totala utmattningen, som din superkraft verkligen slår igenom. För du ger inte upp. Du går inte och gömmer dig, även om du ibland känner för att göra det. Du står kvar och du håller ut – för din tonåring, för din familj och för dig själv.

Det osynliga jobbet – kamp mot ensamheten
Som ensamstående förälder är det lätt att känna att du är en soldat på ett slagfält som aldrig riktigt får paus. Det är som att vara fast i ett konstant krig, där du kanske inte har någon partner bredvid dig som kan slåss vid din sida. Du bär alla bördor på dina egna axlar. Du är den som står för både kärleken och disciplinen, tryggheten och utmaningarna. Men det finns en annan, tystare kamp som också förtjänar uppmärksamhet – kampen mot ensamheten.
För det är lätt att tänka att ensamstående föräldrar bara är bra på att göra saker – att de är inriktade på att vara den perfekta föräldern, den bästa chauffören, terapeuten eller kocken. Men vad folk inte alltid ser, är att ensamstående föräldrar också bär en annan börda: att känna sig ensam i sitt föräldraskap. När du kommer hem efter en lång dag och det enda du har för dig är att göra klart kvällsrutinerna, sätta på tvättmaskinen och försöka få barnet att somna, kanske du ibland inser att det inte finns någon där

att dela den upplevelsen med. Det finns ingen att prata med om dagens motgångar, ingen att påminna dig om att du gör ett bra jobb, även när du känner att du inte riktigt orkar mer.

Det är här ensamstående föräldrar verkligen får visa sitt hjärta. För det är lätt att känna sig som en öde ö när du är den enda vuxna som har ansvar för hela hushållet. Det finns ingen partner att vända sig till när du har haft en lång, tuff dag. När du har behövt ta de svåra besluten, hålla i livets alla små delmål och hela tiden hålla en stark fasad för ditt barn – och sedan, när allt är klart, känner du dig helt slut och vill bara ha någon att prata med. Någon att säga: "Det här var en tuff dag, men vi klarade den."

Och så finns det de där stunderna när ditt barn börjar bli mer självständigt, och du känner att du kanske börjar förlora kontakten. De är ute med sina kompisar, de har sina egna intressen, och plötsligt känns det som att de inte längre behöver dig så mycket. Visst, de kommer och söker ditt stöd när de verkligen behöver det, men de har börjat ta sina första steg i världen utan dig vid deras sida. Och även om det på ett sätt är en enorm framgång att de har blivit självständiga och vuxit upp, kan det ibland också kännas som att du förlorar en del av din plats i deras värld.

Men även då, när ensamheten känns som tyngst, fortsätter du att ge och ge. För du vet att du är den som håller ihop hela familjen, och att den där lilla glipan i er relation bara är ett tillfälligt skede.

Du är en förälder, men också en oändlig källa till styrka och stöd. Och även om världen ibland känns väldigt ensam, är du långt ifrån ensam i det här.

Att vara en mästare på att vända på varje krona
Och när vi pratar om tuffa perioder och ensamhet, så kan vi inte glömma det faktum att ensamstående föräldrar också är mästare på att hantera ekonomin. För när du bara har en inkomst och ändå ska försöka hålla ihop hela familjen, då är varje krona som en skatt. Att klara sig på en ensam inkomst och fortfarande kunna erbjuda ditt barn allt de behöver är inte bara imponerande – det är inget mindre än fantastiskt.
Du vet exakt när butikerna har sina reor, när matbutiken har specialerbjudanden på din tonårings favoritmat, och hur du kan få en veckomatsedel att räcka längre än någon annan hade trott var möjligt. Du är ekonomins superhjälte! Men även om pengar är en utmaning, handlar det inte bara om att hålla nere kostnaderna. Det handlar om att skapa en trygg och kärleksfull miljö för ditt barn. Det handlar om att visa att det inte är saker eller pengar som definierar vad ett hem är – det är den värme och trygghet du erbjuder varje dag.
Det handlar om att göra det bästa av varje situation, att alltid hitta en lösning även när utmaningarna verkar omöjliga att övervinna. Och när du lyckas med det? Ja, då vet du att du

verkligen har förvandlat din familjs liv till något alldeles extra. Och så är du också ett levande bevis på att styrka, kärlek och beslutsamhet är de verkliga rikedomarna i livet

Tips du inte bett om men får ändå
Att vara ensamstående förälder är inte bara en utmaning på hemmaplan, utan det ställer även krav på din sociala och emotionella styrka. Förmågan att bygga och underhålla ett starkt nätverk är avgörande för att kunna hålla ihop och känna stöd. Oavsett om du är helt ensam i föräldraskapet eller om du har en närvarande partner i vissa situationer, så är det ofta din egen kapacitet att nätverka och bygga relationer som avgör hur du kan känna dig stöttad i vardagen. Men hur gör man detta när tiden är knapp, energin är låg och budgeten inte tillåter de dyrare nöjena? Här kommer några konkreta och inspirerande tips på hur en ensamstående förälder kan utveckla sitt nätverk, samtidigt som man också kan hitta sätt att unna sig själv trots en blygsam ekonomi.

Att bygga ett nätverk som ensamstående
Att bygga ett nätverk som ensamstående förälder handlar om mer än bara att hitta folk som kan hjälpa till med praktiska uppgifter som att hämta barn från skolan eller barnvaktshjälp. Det handlar också om att skapa djupare relationer där du får den emotionella support som du verkligen behöver. Ibland är det här det största behovet –

att någon förstår de tysta utmaningarna du möter och kan erbjuda både tröst och uppmuntran.

Nätverka i lokalsamhället och bland andra föräldrar
I många fall kan du börja med att söka nätverk bland andra föräldrar, för om det är någon som förstår vad du går igenom är det andra föräldrar. Därför är det en god idé att aktivt delta i lokala föräldragrupper, kanske via Facebook, WhatsApp eller någon annan online-plattform som fokuserar på familj och föräldraliv i din stad eller ditt område. Genom att vara med i dessa grupper kan du både få tips och dela med dig av din egen erfarenhet. Det kan vara allt från vardagliga råd om att hantera föräldrarollens utmaningar, till att få tips om roliga aktiviteter för barnen som inte kräver för mycket pengar. Men även mer traditionella mötesplatser som föräldramöten i skolan eller förskolan kan vara en bra start.
Att knyta kontakter genom dessa kan skapa långvariga vänskapsband som ger både hjälp och stöd under svårare perioder. Föräldramöten är också ett bra sätt att möta andra föräldrar i liknande situationer, vilket kan leda till att ni tillsammans kan dela på ansvaret att vara där för varandra.

Utveckla relationer med vänner och familj

Att vara ensamstående förälder innebär inte att du måste vara isolerad. Visst, det kan vara lätt att känna att det är du som står för allt, men det betyder inte att du måste göra det ensam. Tänk på din egen familj och vänner – de flesta människor vill hjälpa till, men ibland vet de inte hur de ska gå till väga. Våga vara ärlig och berätta om dina behov. Fråga om hjälp med barnvakt, planering av aktiviteter eller bara om någon kan hjälpa till att hålla koll på barnen en stund för att du ska kunna ta en paus.

Det är också viktigt att komma ihåg att bygga och vårda relationer med de som kanske inte är föräldrar. Vänner utan barn kan ha en helt annan förståelse för ditt liv, och deras hjälp kan vara ovärderlig när du verkligen behöver en paus. Det handlar om att vara öppen för att be om stöd – även om det ibland känns svårt. Att skapa dessa nätverk är ofta en investering i långsiktiga vänskapsband som kan vara din livlina i tuffa tider.

Professionella nätverk och grupper för ensamstående föräldrar

För ensamstående föräldrar som söker mer strukturerat stöd finns det också professionella nätverk och grupper som erbjuder hjälp både socialt och praktiskt. Många ideella organisationer, till exempel *Ensamma föräldrar*, erbjuder olika aktiviteter, träffar och grupper för ensamstående föräldrar. Detta är ett utmärkt sätt att skapa en stödjande gemenskap, samtidigt som du får chansen att träffa andra i samma livssituation. En annan möjlighet är att delta i lokala kurser eller föreläsningar som handlar om föräldraskap, personlig utveckling eller stresshantering. Dessa träffar är inte bara till för att ge dig verktyg i din roll som förälder, utan också ett sätt att knyta nya kontakter och vänner som kan bli viktiga för din sociala krets.

Att unna sig själv – hur man skämmer bort sig på en blygsam budget

Oavsett hur mycket du gör för andra, så är det också viktigt att du inte glömmer bort att ta hand om dig själv. En ensamstående förälder kan lätt hamna i en situation där allt fokus ligger på barnen och deras behov, men för att kunna ge och vara den bästa föräldern är det också viktigt att du får tid för återhämtning och egen njutning. Det betyder inte att du måste spendera stora summor på spa eller dyra restaurangbesök – det finns massor av sätt att skämma bort sig själv på en blygsam budget.

En kväll för dig själv – att skapa lugn och ro hemma

Att skämma bort sig själv börjar med att skapa tid för avkoppling i sitt eget hem. En enkel kväll där du stänger av telefonen, tänt några ljus och kanske sätter på din favoritmusik eller en bok, kan vara det perfekta sättet att varva ner. En kopp te, ett bad eller en stund med meditation kan ge dig den återhämtning du behöver för att känna dig som dig själv igen.

Det handlar om att ge sig själv tillåtelse att vara en person och inte bara en förälder. Sätt av några timmar då du inte behöver tänka på något annat än din egen trivsel och njutning. Kanske är det en filmkväll med en bra film, en pysselstund eller något du alltid velat göra men aldrig riktigt haft tid till.

Kreativa sätt att skämma bort sig själv

Att unna sig något behöver inte alltid kosta pengar. Det kan handla om att vara kreativ och hitta sätt att njuta av livet utan att behöva en stor budget. Gå på en promenad i naturen, gå till ett lokalt museum som har gratis inträde, eller skapa din egen "spa-dag" hemma med ansiktsmasker, ett DIY-bad och en stunds meditation. Hitta aktiviteter som inte handlar om att spendera pengar, utan om att skapa välbefinnande på en enkel och avslappnad nivå.

En annan idé är att hitta en hobby som ger dig energi och glädje, som inte kräver någon stor investering. Många föräldrar upptäcker nya intressen genom att börja med aktiviteter som inte kostar mycket, som fotografering, måla, skriva eller göra hantverk. Att ha en hobby är ett fantastiskt sätt att återhämta sig och känna att man har något för sig själv, något som ger en personlig tillfredsställelse.

Bygg in små belöningar i vardagen

Slutligen handlar det om att inte glömma de små belöningarna. En ensamstående förälder har ofta inte mycket tid för att göra något särskilt för sig själv, men små gester kan göra stor skillnad. Det kan vara en extra god kopp kaffe på morgonen, en stunds extra sömn när barnen är på aktivitet, eller att unna sig en god middag på en onsdag. Det är dessa små pauser och belöningar som verkligen gör att du känner att du gör något för dig själv.

En starkare föräldraroll där DU finns.

Att vara ensamstående förälder kräver både praktisk skicklighet och känslomässig styrka. Genom att bygga och utveckla ditt nätverk och hitta små sätt att unna dig själv, kan du hitta balans i en hektisk vardag. Nätverkandet handlar inte bara om att hitta hjälp när det behövs – det handlar också om att bygga gemenskap och en känsla av att inte vara ensam i sin föräldraroll. När du känner dig stöttad av både familj, vänner och professionella grupper, blir föräldraskapet mer hanterbart och mer tillfredsställande. Samtidigt, genom att hitta sätt att skämma bort dig själv på en blygsam budget, kan du bygga in nödvändig återhämtning i ditt liv. Det är de små gesterna och stunderna som verkligen gör skillnad och hjälper dig att hålla energin uppe och hålla en positiv inställning till livet

KAPITEL 30:
FÖRÄLDRASKAMMEN

Föräldraskammen – När Vi Aldrig Känner Oss Nog
Det börjar redan innan barnet är fött. En svag men stadigt växande känsla av att man kanske inte riktigt räcker till. När den lilla bebisen sedan anländer, fullkomligt beroende av oss, slår skammen rot på riktigt. Har vi tillräckligt med tid? Ork? Kärlek? Kreativitet? Vet vi ens vad vi håller på med?
Och så fortsätter det. Småbarnsåren med sömnbrist och eviga kompromisser. Skolåren där läxor, aktiviteter och vänskapsdramatik gör att vi tappar bort oss själva i logistiken. Tonåren där vi slits mellan att vilja skydda och att ge dem frihet. Och hela tiden denna gnagande känsla – borde jag gjort mer?

Att Inte Alltid Gilla Sina Barn
Vi älskar våra barn, det är självklart. Men om vi ska vara riktigt ärliga, så tycker vi faktiskt inte alltid om dem. Ibland är de otacksamma, gnälliga, irriterande och allmänt svåra att stå ut med. Och vet du vad? Det är okej.
För föräldraskap handlar inte om att konstant känna fjärilar i magen av kärlek. Det handlar om att finnas där, även när det är jobbigt. Även när ungen skriker att du är den värsta föräldern i världen. Även när du vill sälja dem till lägstbjudande efter en dag fylld av tjafs och konflikter. Att ibland vilja checka ut betyder inte att du är en dålig förälder. Det betyder att du är mänsklig.

Att Vara Bräcklig – Inför Barnen

Vi matas ständigt med bilden av den stabila, trygga och kärleksfulla föräldern som aldrig sviktar. Men livet fungerar inte så. Vi är inte robotar, vi är människor.

Och ibland brister vi.

Ibland blir vi alldeles för arga. Vi höjer rösten, säger saker vi ångrar. Ibland orkar vi inte lyssna på ännu en endaste liten historia om Minecraft. Ibland vill vi bara ha tystnad. Ibland gråter vi.

Och det är okej.

Att visa barnen att vi också är människor, med känslor och begränsningar, är inte att misslyckas som förälder. Det är att visa dem hur livet fungerar. Att man kan bli ledsen, arg, utmattad – och att det går över. Att det är okej att känna och att man alltid kan be om förlåtelse när man gjort fel.

Den Samhälleliga Skammen

Föräldrarollen idag är packad med förväntningar. Man ska vara närvarande men inte kvävande. Kreativ men inte överdriven. Lagom disciplinerad, lagom förstående. Ha en harmonisk relation, balansera jobb och fritid, laga näringsriktig mat och helst också vara i fysisk toppform.

Det är en omöjlig ekvation.

Samhället berättar hur föräldraskap *borde* vara, men den bilden är filtrerad och tillrättalagd. Den inkluderar sällan de sömnlösa nätterna, den gnagande oron, frustrationen över att aldrig få egentid eller känslan av att bara vilja gömma sig på toaletten med en chokladkaka och ett glas vin.

Att Släppa Jante och Skammen

Den där skammen är släkt med något annat – Jantelagen. "Du ska inte tro att du är något." Det är som att de där orden har etsat sig fast i vårt kollektiva medvetande och sipprat ner i varje litet hörn av föräldraskapet. "Du ska inte tro att du gör tillräckligt." Som om vår insats alltid borde vara lite bättre, lite mer perfekt. Vi borde baka ekologiska surdegsbröd istället för att köpa färdiga limpor, hålla hemmet skinande rent trots kaoset som tonåringar sprider omkring sig, och vara pedagogiska supermänniskor som aldrig tappar humöret. Men vem klarar egentligen det?Vi måste sluta tro att vi alltid behöver göra mer. Ibland är det faktiskt tillräckligt att bara finnas där, utan att prestera. Vi måste våga släppa på kraven och inse att vi inte behöver vara superhjältar varje dag. Att ta genvägar ibland gör oss inte till sämre föräldrar – det gör oss till människor. Och ibland räcker det faktiskt med att beställa pizza för tredje gången den här månaden när orken är slut och energin på

230

noll. Eller att låta dammråttorna bygga bo i hörnen för att vi istället behöver tid att bara sitta ner och andas. Det handlar om att acceptera att vi ibland måste sätta oss själva först för att kunna vara där för våra barn på riktigt.Vi är inte robotar – vi är föräldrar. Och att vara förälder handlar inte om att vara perfekt. Det handlar om närvaro, acceptans och ödmjukhet. Det handlar om att erkänna våra brister och visa våra barn att det är okej att vara mänsklig. Att be om ursäkt när vi tappar tålamodet och säga: "Jag vet att jag varit grinig idag, men jag älskar dig ändå." Våra barn behöver inte en perfekt förälder – de behöver en närvarande förälder, en som de vet finns där, oavsett vad. Det är lätt att fastna i tanken på att vi alltid borde göra mer – men tänk om vi bara kunde tillåta oss själva att vara tillräckliga? Att inse att vårt bästa, även på dåliga dagar, faktiskt räcker. För ibland är det just de där små ögonblicken av sårbarhet och närhet som våra barn kommer att minnas mest. Inte alla de där stunderna när vi försökte vara supermänniskor, utan när vi vågade vara mänskliga. När vi satt på golvet och skrattade åt något löjligt, eller när vi mitt i kaoset bara höll om dem och visade att vi älskar dem – precis som de är. Så kanske är det dags att släppa prestationen och våga vara sårbar. Våga vara tillräcklig, precis som vi är – för det räcker mer än vi tror. Och kanske, om vi själva vågar vara lite mer mänskliga, lär vi våra barn att det är okej att vara det också.

EPILOG: VAR MODIG!

Så här står du nu, mitt i stormens öga,
kära förälder. Mitt i tonårstidens galenskap, där
känslor slår hårdare än novembervindar och
ögonrullningar är mer frekventa än regndroppar i
Skottland. Ditt hem är en miniversion av ett skepp
i full storm, där du, den modiga kaptenen,
försöker hålla rodret i styr medan vågorna av
högljudda protester och dörrsmällningar slår in
från alla håll. Du plockade upp den här boken i jakt
på något – kanske en smula tröst, ett gott skratt
eller bara bekräftelsen att du inte är ensam i den
här absurda, smått fantastiska karusellen. Och låt
mig säga det klart och tydligt: Du. Är. Inte.
Ensam.Och innan du suckar och tänker att jag
upprepar mig, så vill jag bara säga: Jo, jag vet.
Jag upprepar mig. Jag kommer säga "använd
humor" fler gånger än du tycker är rimligt. Jag
kommer påpeka att "det är en fas" tills du vill
kasta boken i väggen. Men jag svär på att det är
sant. Föräldraskapets olympiad handlar om
tålamod, och just den grenen är inte alltid min
starkaste heller.

Ditt inre guld lyser som starkast när du kan skratta
åt alltihopa om än för än endast för en kort stund.

Låt oss prata om föräldraskap på riktigt – inte den där glittriga, perfekta Instagramversionen där alla barn är tacksamma och alla föräldrar är välbalanserade själavårdare. Nej, här pratar vi om verkligheten. Den där verkligheten där du hittar en tömd chipspåse under kudden i soffan, där ditt barn kan gå från gladlynt till föraktfullt på 0,3 sekunder, och där du ibland längtar efter den tiden när deras största problem var att pyjamasen var på fel håll. Och om du någon gång har försökt prata gymnasieval, framtid, eller ens frågat "hur var din dag?", och fått en suck så djup att den skapade sin egen luftström, då vet du vad jag menar. Det är här du behöver humor. Och tålamod. Och en smula förtröstan att de kommer ur detta någon gång, förmodligen med fler livsinsikter än du förstår just nu.

Det finns en föräldraregel jag vill att du tar till dig: *Färre konfrontationer, fler strategiska reträtter.* Allt behöver inte vara en strid. Allt behöver inte ens vara en diskussion. Ibland är det bästa sättet att vinna en "debatt" att helt enkelt säga: "Okej." Och sen göra en mental notering att detta, precis som allt annat, är en fas. Och om du någon gång känner att du vill gå ut och skrika rakt ut i natten för att din tonåring har lyckats trassla in sig i en existentiell kris över att en Snapchat-streak bröts, så är det okej. Du är människa. Jag lovar, vi har alla varit där. Och vet du vad? Trots alla suckar, alla förhandlingar om skärmtid, alla "jag-gör-det-snart" som aldrig sker, så finns det stunder som väger upp allt. Det kan vara när de oväntat lutar sitt huvud mot din axel när ni ser på film. När de plötsligt frågar "mamma, vad tycker du?" i en fråga som faktiskt betyder något. När de skrattar åt ett av dina skämt, trots att de säger att du är pinsam. De är fortfarande dina barn. Bara i en väldigt rörig, egensinnig och ibland fullständigt obegriplig förpackning. Men du? Du är fortfarande deras kapten. Och du har styrkan att ta dig igenom det här. Med humor. Med kärlek. Och ja, med den där chokladbiten du har gömd i skafferiet. Det är helt okej att ta till choklad.

Fortsätt segla, kära förälder. Du gör det bästa du kan, och det är mer än nog.

TACK ♥
Mina barn: Utan er ingen bok. Ni är min själs ljus.
Min make: Utan dig inget team. Du är mitt hjärtas ljus.

Möt Lena Ahlstedt Kahlbom, mamma till två tonåringar, 13 och 16 år, och gift med sin partner-in-crime Oscar i 15 år. Tillsammans har de överlevt så många äventyr att tålamodet nästan kan mäta sig med ett helgon (typ). Lena är även sjukvårdare inom hemvärnet på Gotland, vilket gör att hon hanterar både tonårsdraman och småskador med en rolig blandning av plåster och lugn. Föräldraskap är som en berg- och dalbana, men Lena vet att skratt är bästa medicinen när det känns som att livet gör loopar.

När hon inte slår läger i vardagens familjedrama, finns Lena med en kopp kaffe och funderar på nästa äventyr – gärna tillsammans med Oscar och barnen. Häng med på resan genom föräldraskapets stormiga hav, där Lena seglar med kärlek, humor och en väska full med första hjälpen!

Lägg gärna till henne i din mamma/pappa-klan: klan@kahlbom.com